歩く・見る・描く・デザインする
スケッチで脳を触発しよう

藤原成曉 著

彰国社

はじめに
「手を動かす」ことの大切さ

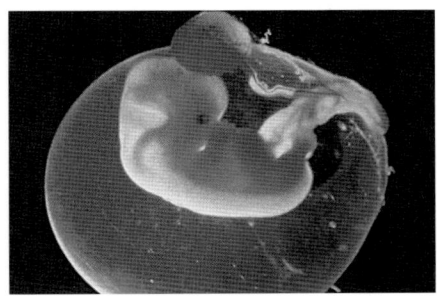

人間の五感のうちで視覚から受け取る情報はきわめて多いといわれている。有史以前の太古の昔から人類は、洞窟画に代表されるような目に訴えるという行為を営々と行ってきた。

人は受精してから生まれるまでのあいだ、胎内で進化の歴史をたどり、脳には約6億年もの進化の記憶が詰まっているという。胎児の成長段階においても、脳と目の形成はとても重要とされている。さらに脳と手は密接に関係し、「手は第二の脳」ともいわれている。

一度インプットされた情報は、指先を通してアウトプットすると脳に記憶されやすい。手を動かすことによって脳が活性化し、さまざまなアイデアが生まれ、ものごとが掌握できてくる。

今日、デザイン・建築の世界でもコンピューターは欠かせないものとなり、パソコン、CADおよびCGの発達には目を見張るものがある。10年くらい前までは当たり前だった、製図板上での鉛筆と定規による手作業の図面作成は、今や過去のものとして姿を消しつつある。ものづくりの世界でもさらにコンピューター化が進むことだろう。

しかし、そうしたなかにあって思うことは、やはり指先から生まれるスケッチやエスキースといったドローイングのもつ役割と行為の大きさである。むしろコンピューターの出現によって、人の手によるスケッチがより大きな意味をもちはじめた、と私は考えている。

感じたままに躊躇なく素直な心で「手を動かす」ことで脳を触発する。うまく描くことは、二の次でよい。まずは歩く・見る、そして描いてみよう。

【目次】

はじめに　「手を動かす」ことの大切さ　003
本書のねらいと構成　006

01 手を動かすことから　009

身近なものからはじめよう　010
描くための基本　010
身の回りの日常を描く　011
お弁当を描く　012
酒瓶を描く　013
景観を描く　014
絵手紙を描く　015

スケッチノートのすすめ　016
わたしのスケッチノート　016
スケッチノートをつくる　017
食事編　018
日常編　020
講演会編　020
旅行編　021
風景編　021
建築見学編　022

02 デザインのためのエスキース　025

用途で使い分けるエスキースのいろいろな表現　026
コンセプトを見つける手段　026
イメージスケッチ（エスキース）　026
敷地を読むためのスケッチ　029
かたちの確認　030
正確に点取りをしたパースでプロポーションを確認　032

戸建て住宅の設計　034
住まいをつくるエスキース　034
敷地の個性を読む　034
平面のエスキース　035
断面のエスキース　035

立面のエスキース　036
　　　ディテールのエスキース　037
　集合住宅の設計　040
　　　低層集合住宅の共用空間　040
　大学キャンパスのリニューアル計画　042
　　　マスタープランのコンセプト　042
　　　アプローチの検討　043
　　　外部空間と内部空間のつながり　044
　　　中庭のデザイン　045

03 実践パース・点取りの方法　047
　パースの仕組みを理解するために　048
　　　模型をつくってみよう　048
　　　模型をスケッチしよう　049
　　　立体をどう見るか　050
　　　パースのアングル　051
　実際に作図してみよう　052
　　　点の作図／空中の風船を描く　052
　　　線の作図／電柱を描く　054
　　　面の作図／壁を描く　056
　　　立体の作図／点・線・面の集合　058
　　　二消点パースを一消点で起こす理由　062
　　　画面を後方に置く理由　063
　　　外観パースから内観パースへ（二消点の内観パース）　064
　　　二消点パースから一消点パースへ（一消点の内観パース）　065
　　　分割と増殖　066
　　　エクササイズ／パースを作図してみよう　067

04 ドローイング集　069
　　　素描編　070
　　　着彩編　078

　あとがき　087

本書のねらいと構成

本書はこれから建築を学ぶ、あるいは、デザイナーを目指す方々を主な対象としているが、広く絵やものづくりに興味のある一般の方にも親しんでいただけるよう編集した。何はともあれ、まずは「はじめてみる」ことだ。そして、「手を動かす」ことの楽しさと大切さに気づいてもらうためのきっかけになればと思う。本書は4章で構成されており、その概要を以下に記す。

1＿スケッチのすすめ（「01 手を動かすことから」）
何よりもものに接してほしい。そして、「手を動かす」ことを厭わないでほしい。ものと対話することや空間に身を置いて直に体感することが感性を磨く糸口である。つくり手に必要な感性を磨くには、手を動かし、スケッチすることが一番だと思う。

2＿エスキースに親しむ（「02 デザインのためのエスキース」）
ものをつくるときに、どんなふうにイメージを膨らませていくのか。頭のなかの「もやもや」を、エスキースという「かたち」に表すことが大切である。デザインするうえで、それは欠かせない思考過程だ。ここではさまざまなエスキースを紹介する。エスキースやパースを描くことで、図面だけでは見えない新しい世界が見えてくる。

3＿手描きパースの作図法を解説（「03 実践パース・点取りの方法」）
ここで説明する原則を学べば、誰もが正確にパースを起こすことができる。二消点パースを一消点だけで描くことができる実践的方法を、ここでは紹介している。
章末のエクササイズで完全に習得してほしい。

4＿パース例の紹介（「04 ドローイング集」
「パース」は、この視点からこう見てほしいというコンセプトを表現するのに適しており、客観性のある模型とは性格が異なる。どんなものができるのか、どんなふうに見えるのかもあらかじめ知っておきたい。そんな基本的な欲求を叶えてくれる完成予想パースの実例を素描編と着彩編に分けて紹介する。

Sept. 5. 1989.

01 手を動かすことから

「手を動かす」行為は、機械的に作図する行為（トレーシング）とは異なり、もののありようや妥当性を確認し、決定することも含まれているので、より多くの手間と時間がかかる。それが、ものづくりの要となる。また、企画、イメージづくり、設計時、完成後と、あらゆる場面でスケッチは思考の伝達手段として有効である。しかし、それが適切さを欠いていたら、かえって逆効果になる。そうならないためにも、日頃から身の回りのものに目を向け、感じたままに手を動かすことからはじめてみよう。

身近なものからはじめよう

描くための基本

●—スケッチする際のポイント

1＿うまく描こうとしない
つい他人の目が気になって、うまく描こうとしがちだが、子供の頃の心に戻って感じたままを伸び伸びと描く。ものごとを決めつけないで、素直な心で描く対象を見ること。描きたいというそのときの気持ちを大切にしてほしい。

2＿シンプルに見る
ものの成り立ちや構造およびものどうしの関係をよく見る。細部は後回しにして全体を大きくとらえ、たとえば描く対象を明暗に分けて見たり、あるいは塊として見る。細部はあとでかまわない。時間がなければ省略してもよい。

3＿印象的なことだけを描く
多くを描こうとせず、目に映る印象的なこと、感じたことだけを描く。

●—着彩する際のポイント

1＿面積の大きいところや明るい部分から着色する。
2＿透明水彩の場合は淡色の塗り重ねで紙の生地を生かす。
3＿色は実際の色と同じでなくてもいい。

風景のクロッキー（速描）。印象のみを10秒で描く（コピー用紙に鉛筆＋色鉛筆）

愛犬を描く（スケッチノートにサインペン）

身の回りの日常を描く

「手を動かす」ためのモチーフ（描く対象）は、どこにでも転がっている。目にとまったものなら何でもよい。傍らにある日常に目を向けてみよう。珍しいものばかりを追う必要はない。目にインプットし、指先からアウトプットするという一連の所作を習慣化することが第一義である。見るものすべてがモチーフになる。

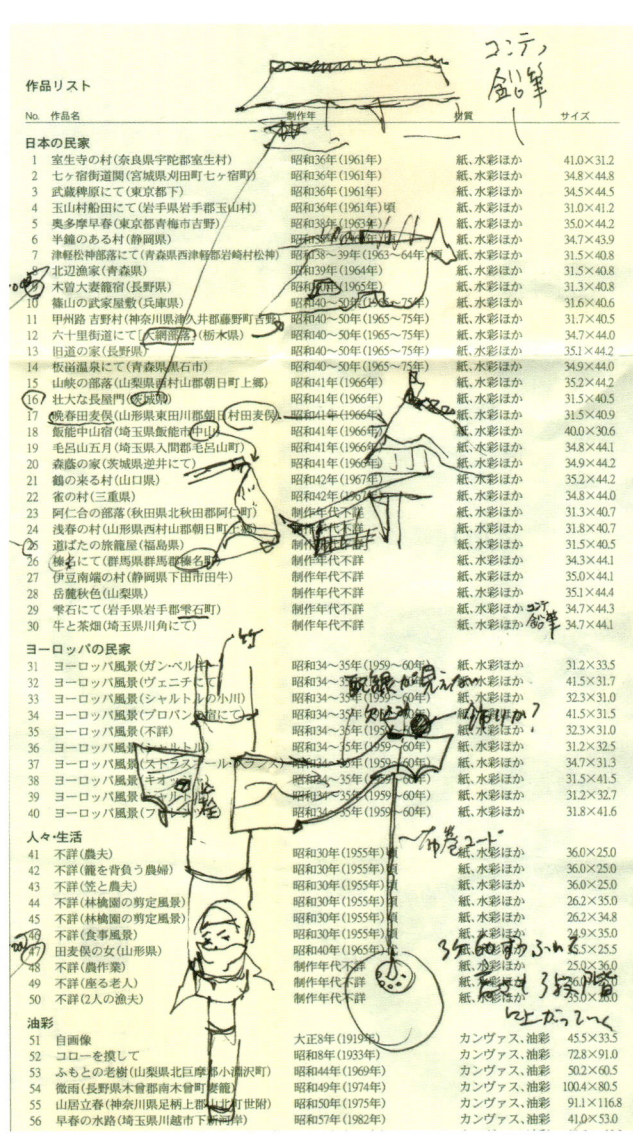

展覧会の出品リスト。筆記用具は何でもいい。そばにあるもの（新聞や広告など）に記憶にとどめておきたいことを走り描きする（作品リストにボールペン）

花瓶に生けたツツジ。普段見慣れたものに目をとめる。描きはじめると、新しい発見があるはずだ（和紙に水性ペン＋透明水彩）

和菓子の包装。パッケージデザインは手に取ったときの大きさ、素材感、包み紙の色、デザイン、紐とのコントラスト、箱の形状、書体など、工夫されているものが多い。色彩の勉強にもなる（和紙に鉛筆＋透明水彩）

お弁当を描く

身近なものと言えば毎日のお弁当。「手を動かす」対象としては、格好の素材の一つだ。画家・松田正平は「犬馬は難く、魑魅はやさしい」が座右の銘だったそうだが、日常のありふれた光景のなかに大切なものを見ることは、決してやさしいことではない。

お弁当は、胃袋に入って消えてなくなってしまう。その見慣れたお弁当を繰り返し繰り返しスケッチし、あとで見返してみると、描いておいてよかったなと実感する。日頃のお弁当やレストランでの食事は最も身近なモチーフの一つだ。

● ─ 食は命なり

健康の基本は食にあり。「いただきます」は「あなたの命をわたしの命にさせていただきます」の簡略形だそうだ。
毎日の命は食べ物により育まれている。自分の体をつくってくれる大切な食べ物だが、食べてしまえばなくなる。せめて感謝を込めてスケッチに残す。
（ノートに鉛筆またはサインペン＋透明水彩）

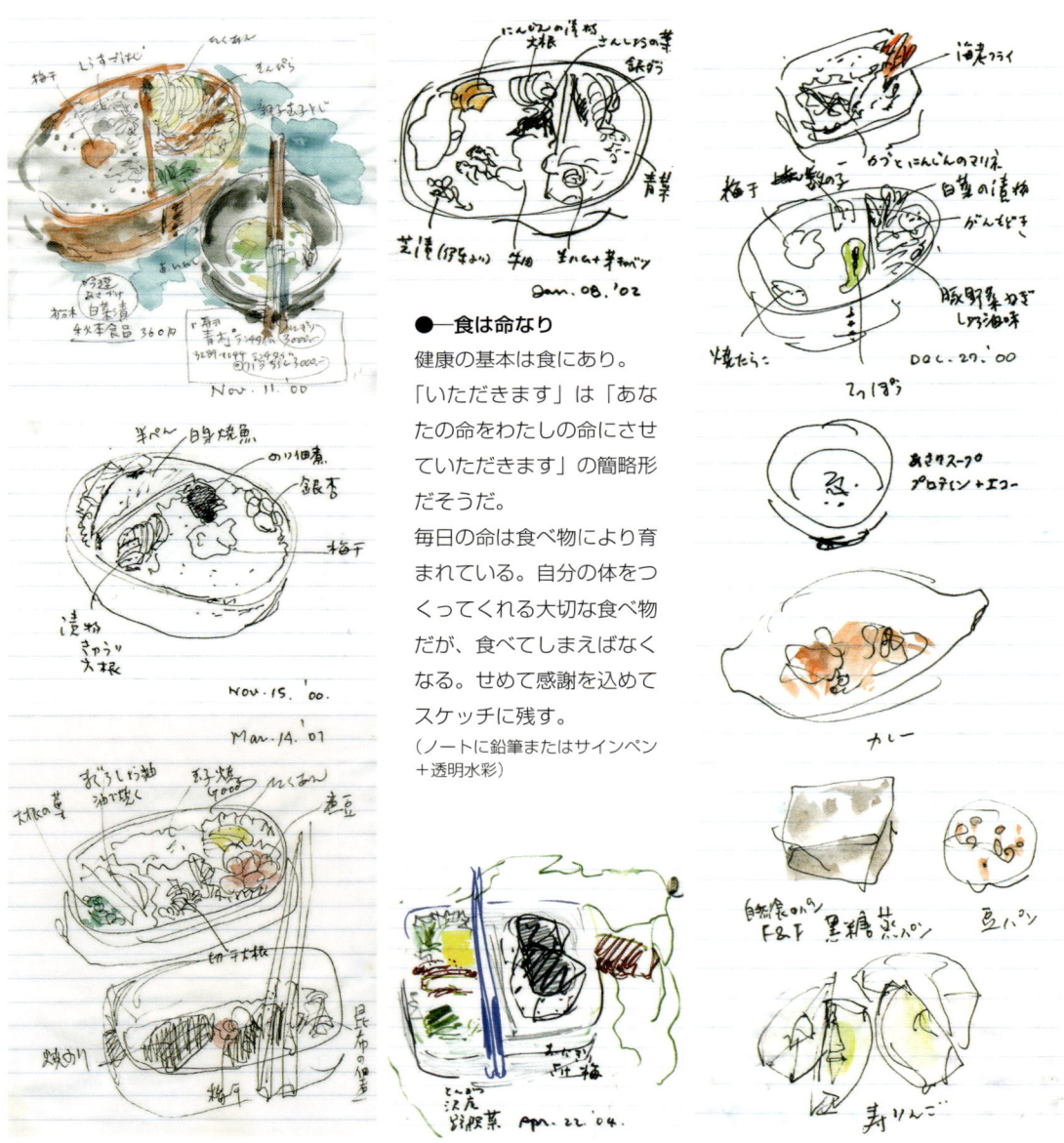

酒瓶を描く

興味を覚えた対象には自然と近づけるものだ。飲んでしまえばじゃまな酒瓶だが、記録して残しておきたい。たとえば日本酒の場合、ラベルのデザイン、瓶のかたち、米の銘柄、精米歩合、杜氏の名前など情報満載で、興味深い。スケッチするまでは捨てられない酒瓶は焼酎、ビール、ワイン、ウィスキー、ブランデー、紹興酒におよぶ。

●―特徴を読む

包装の仕方にも気遣いがあり、ラベルの書体や色など酒瓶1本1本に個性がある。ラベル一つにも工夫が凝らされ、一つ一つ違う。目に飛び込んできた印象のみを優先して描き、あとは省略する。

記憶のための1枚
(和紙にボールペン+透明水彩)

瓶と栓が一体となった、リユース可能な環境に配慮したビール瓶
(和紙に鉛筆+透明水彩)

抽象化とデフォルメの例(和紙に鉛筆+墨汁)

景観を描く

「自然が人間に与える感化、影響というものは、計りしれないものがある」（谷昌恒）。
近年、手つかずの自然に接することはなかなか難しいが、公園や街並み、建築のなかにも小さな自然を感じ取ることができる。そこに足を運んでみると、TVの映像や雑誌からでは得られない何かがあるはずだ。そこで描いたスケッチは、のちにそのときの記憶をたどる糸口にもなる。

●─建築をスケッチする

建築を学ぶための基本として、「スケール感覚を身につける」ということがある。実際の空間に身を置き、歩き回り、その場の空気を感じ取る。その際、スケールを意識してスケッチをする。街並みや建築を描くことは、スケール感覚を磨き、そこに生きる人を描くことにもつながる。

T大学図書館（和紙に6B鉛筆）

●─紅葉の公園

いつも持ち歩いているスケッチノートに速描する。細部にこだわらず紅葉の色が描ければそれで十分。思い切り単純な線で表現する。対象をシンプルに見て、複雑な箇所も少ない線で描く。描き間違いも気にせず、勢いのある線を伸び伸びと引くのがコツだ。

井の頭公園の秋景（スケッチノートにボールペン＋透明水彩）

●─街並み

この街には景観を汚す三要素（電柱・看板・自動販売機）がない。実際に描いてみると、街はこれらがないだけで美しくなるということがよくわかる。

Tニュータウン（画用紙に鉛筆＋ペン＋水彩）

絵手紙を描く

日頃から「手を動かす」機会を多くつくりたい。相手があれば励みになる。そこで絵手紙のすすめ。お礼や近況報告などに絵を添えて、素直な気持ちを相手に伝えたい。言葉だけでは物足りない。そんなとき、絵が描いてあると心が和む。

●──絵と言葉の相乗効果
プレゼントやお中元、お歳暮をいただいたとき、その品物を描いて、確かにいただきましたと礼状を出す。そのときのモチーフはいただいたものに限る。

●──絵手紙は自由に
改まった手紙の書き方とか、定型に縛られない自由さが絵手紙のモットー。いつでも絵手紙が描けるように、葉書と絵の具と記念切手を用意しておく。

余白と絵と文字のバランスに気を配る（葉書に鉛筆＋透明水彩）

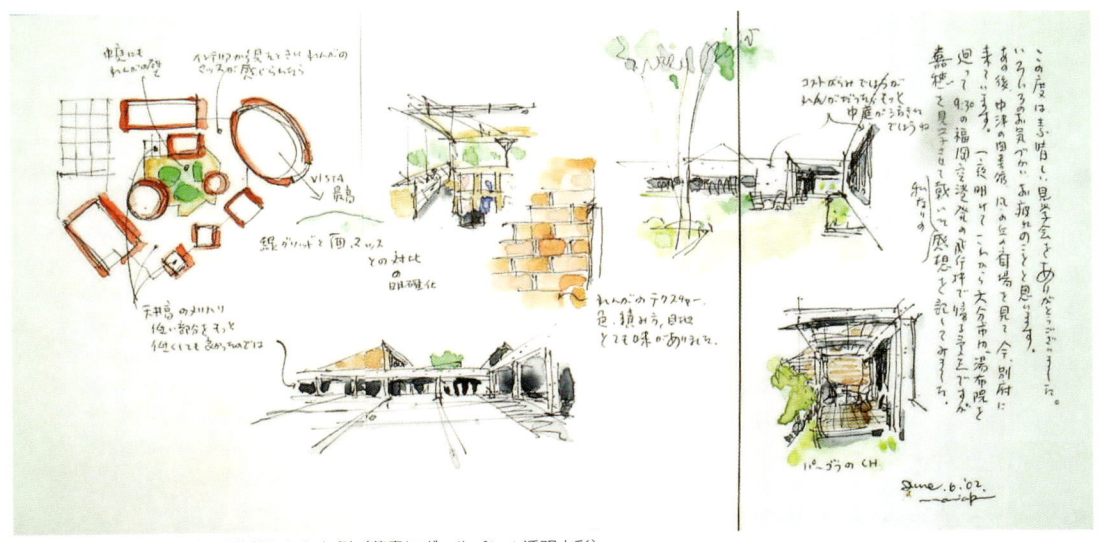

葉書1枚では収まりきらず、3枚綴りにした例（葉書にボールペン＋透明水彩）

スケッチノートのすすめ

わたしのスケッチノート

日頃、持ち歩いているのは、スケッチブックではなく、手の平サイズの、B6判、無地で80ページほどのノート。大きすぎず、小さすぎず、ものごとを「掌握する」には、手の平（掌）サイズのこれしかないと四半世紀、この手の物を使いつづけている。

そのスケッチノートに小さな携帯用固形水彩絵の具とフィルムケースの水入れ、筆記用具があればそれでいい。これさえあれば、どこにいても描ける。さらに携帯用プリット糊やカッターナイフがあれば、チケットの半券やパンフレットなどの貼り付けも可能で、その都度、その場で作業を終えてしまうことができる。

あくまで自分のための、情報収集、備忘録、思い出づくりなので、うまく描こうとか、うまく見せようとか思わなくていい。欲が絡むと手がカタくなって、気持ちが不自由になるし、楽しくない。楽しいと思える過程が大切だ。心が動く瞬間、何の躊躇もなく素直に手が動く、これが理想の「わたしのスケッチノート」である。

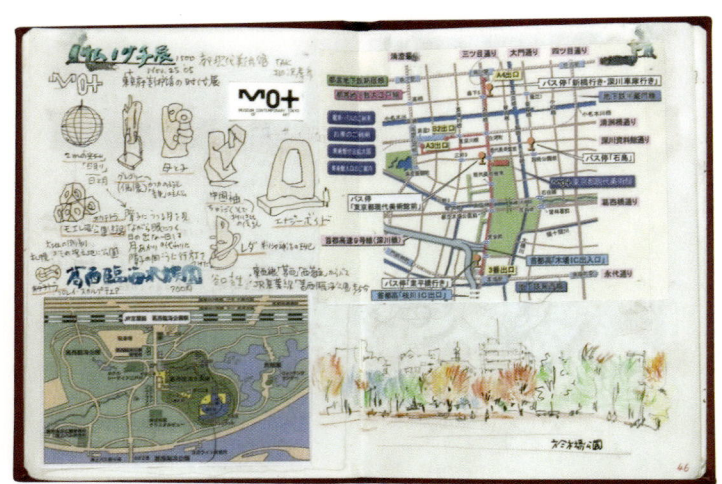

展覧会に行った際の記録を残す
（スケッチノートにボールペン＋色鉛筆＋貼り込み）

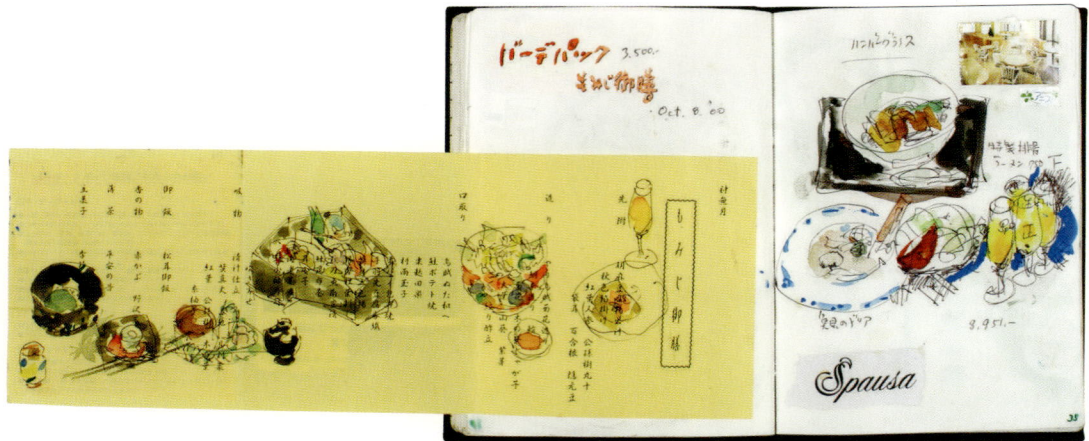

旅先での食事を貼り付けた献立表とノートに描く（スケッチノートに鉛筆＋透明水彩）

01 手を動かすことから

スケッチノートをつくる

●―ノートの選び方

表紙の色、装丁はまちまちだが、B6判のサイズだけは頑なに守っている。A5判のサイズも幾たびか試みてはいるが、A5サイズはわたしの手より、ほんの一回り大きく、やはり手に馴染まない。無地で紙質は堅牢で薄く、ページ数が多めのものを使用している。欲を言えば水彩紙としての肌合いと風合いがあれば言うことはないが、無地のノートであればよしとしている。

サイズを統一する。表紙はまちまちだがB6判がわたしには使いやすい

●―はじめに、ページを打ち目次をつくる

無地のノートなので自分でページを打って目次をつくるところからはじめる。この作業が終わっただけで、このノートへの愛着を覚える。あとはページが進むたびに、目次が埋まっていくだけだ。この目次づくりをしておかないと、あとになって目的のページを探し出すことが困難になる。せっかく集めた情報や思い出が描きっ放しではもったいない。この作業は欠かせない。

 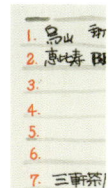
目次は見開きで全ページが一覧できるように割り付ける（左）。罫線を引きナンバリング（右）。ページと何が描いてあるかを明確にする

●―紐しおりと綴じ紐

目的のページのマーキングには、やはりしおりが一番だが、これが既製品のノートにはじめから用意されていることはほとんどない。必要に応じて紐しおりを1本、できれば2本色分けして取り付けたい。これがけっこう重宝する。また、描画や筆記を旨としているが、パンフレット、切符、箸袋、ラベルなどを直に貼り付けてしまうことも多い。未整理の資料をとりあえず挟んでおくこともある。その結果、ノートの厚さが元の倍以上にも膨れ上がってしまう。綴じ紐もぜひほしいアイテムの一つだ。

紐しおり（左）。いろいろ貼り込んで膨らんだノートには綴じ紐が役立つ（右）

●―携帯絵の具と水入れ

市販のものを画材店で購入するか、自作する。いつも持ち歩くものなので、小さくて、シンプルで、鞄の隅に収まりやすいことが基本だ。筆は携帯用を選ぶか、ケースに合わせて自分用に長さを調整する。絵の具は、ばら売りの固形のものを接着剤でパレットに貼り付けてもいい。これなら自分の好みの色を自由に選択することができる。水入れに関しては、いろいろ試してみたが、結局フィルムのケースに落ち着いてしまった。蓋を簡単に外すことができ、筆が入りやすく、透明で丈夫、水漏れもしないので便利なリサイクル品だ。

携帯用水彩絵の具　　フィルムケースの水入れ

食事編

健康の基本は「食・息・動・想」だという。食は健康を司る四天王の一つ。「食は命なり」「人間の体は食べ物でできている」という最も基本的な認識は、ややもすると忘れがちである。生きた水、生命力のある食材を得ることが現代では難しくなっている。「野菜」は「屋菜」となり、1年中出回るようになった。「旬に、はしり、さかり、なごりあり」。旬のものを食し、伝統食に戻ることは生活習慣病に対する基本的な対策である。海外においても和食が注目されて久しい。

水は汚れ、各家庭で浄水器を備えるのが当たり前になり、ペットボトルで水が売られる時代になった。農薬のかかった旬のない野菜が出回り、約1,440種もの食品添加物（うち約350種が合成、残りが天然）が食品のなかに使われているそうだ。虫の食った野菜は汚い、曲がったキュウリは買わない消費者が多く存在するという。心ある農家は農薬を避け、土壌の改良、堆肥づくりからやり直している。汚染された田畑が元通りになるのには時間がかかるが、カエルが遊ぶ田圃で、虫が好んで食べるものを作付けする、そんな食材を扱うお店なら安心だ。料理はまず「食材選び」から。食材そのものの味を殺さず、生かしてこそ料理人の腕が冴える。そのような自然の食材でつくられた料理に出合えたときはうれしくて、食事はもちろんのこと、絵筆も進む。

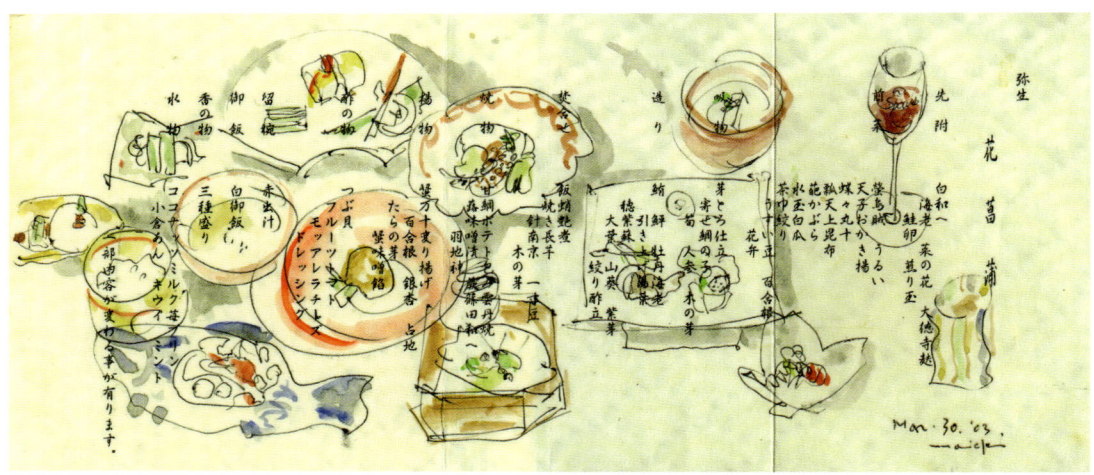

献立表に描く（サインペン＋透明水彩）

●――食事のひととき

生きている食材は美しい。素材が損なわれずに調理され、気の利いた器に盛り付けられる。こんな食事なら描いて残しておきたい。記憶に残すためのスケッチ。感じたままに筆を運ぶこと。これがいい絵を描くための必要条件だ。だけど、これがなかなか難しい。

紙のランチョンマットの裏に描く（ボールペン＋透明水彩）

●──そのときどきの雰囲気で

スケッチの描き方は一様ではない。そのときどきの雰囲気で大きく変化する。同じ店内の様子を描いたものでも、表現の仕方でがらりと変わる。中段のスケッチは、受けた印象をそのまま描いている。店内で見えたものの印象を断片としてとらえ、それらをコラージュしている。モチーフを時間差で描いていくので、でき上がった全体像は店の風景そのものではない。時間の堆積で画面が埋められる実景とは違う心象スケッチ。一方、下段のスケッチは、万年筆1本、セピア色の単純な線だけで描いている。中段のものと比べると、イラスト的である。ここで注意したいのは、描き込みをしすぎないこと。画面すべてを線で埋め尽くしてしまわないよう、余白部分を残すことである。どこでペンを置くか、ブレーキの踏み方が難しい。ともに「見たまま」「感じたまま」は同じでも、そのとき手にした道具によって絵の表現は大きく変わる。

店内風景をコラージュして描く。時間の断片を集め、画面を埋める（スケッチノートに透明水彩）

イラスト風に万年筆で描く。窓の外に目がいくように外の景色の密度を上げる（スケッチノートに万年筆）

日常編

普段、何気なく見ているもののなかに興味深い対象がある。車中の人物描写もその一つである。
しかし、人様の顔をジロジロ見るわけにはいかない。

そこで、失礼にならない範囲で足元の表情を描くことがある。
こうしたところにもけっこう個性が出る。

車内風景（ノートにボールペン＋透明水彩）

講演会編

講演会のメモ帳としても、このスケッチノートが活躍する。会場の様子はどうだったか、講師の似顔絵を描いておくと、名前と顔が一致する。あとで見るときに

その場の雰囲気が浮かんで、そのときの記憶が甦る。会場への案内図だけでなく、時間ができたときに周辺の探索ができるよう、地図を描き込んでおくとよい。

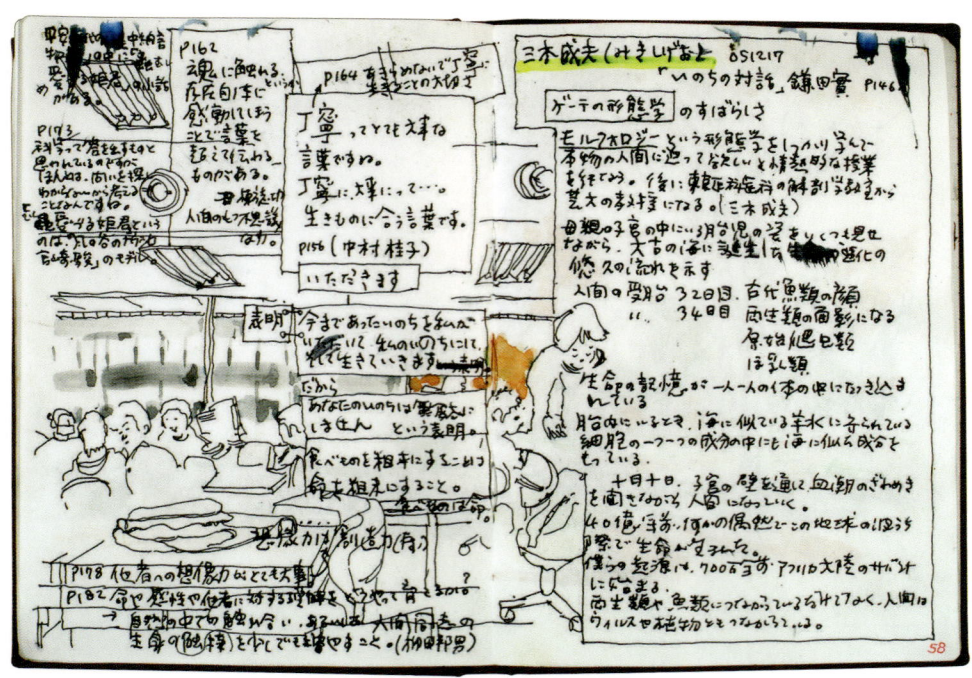

講演会メモ（スケッチノートに万年筆＋透明水彩）

旅行編

何時に家を出て、どこをどう通って、何時に宿に着いたか、帰りは交通渋滞で夜遅く到着など、目的地までのルート、所要時間などをメモする。また、旅先のめぼしい飲食店の電話番号も書き込んでおく。飛行機なら搭乗券の半券も貼り込む。ノートの使い方に流儀はない。スケッチノートならではの気安さがある。

旅行の日程、旅先の案内図をあらかじめ用意する。時間のないときは、白紙のままスタート。行く先々でノートが埋まっていく（スケッチノートに水性ペン）

風景編

風景はモチーフとして最もポピュラーなものの一つだ。スケッチして思うことは、普段いかにものを見ていないか、ということである。1箇所に腰を落ち着けてときを過ごすと、ときの動きとともにその場の印象が深まる。下の絵は、建築を設計する際、まず敷地を調査し、その土地のもっている特徴をつかむためにスケッチしたものだ。周囲の風景をスケッチし、写真撮影するだけでなく、そのときのメモやスケッチを残しておくと、コンセプトのヒントになる。建築は回りの風景も含めてその土地と密接な関係があるからだ。

敷地周辺の眺望。近景は明確に濃く、遠景は淡く、ぼんやりと描く。これを空気遠近法という（スケッチノートに鉛筆＋透明水彩）

建築見学編

●──建築を体感する

建築は実物を見なければわからない。その場に身を置いてみると、周辺の環境も建築の息遣いも、自然と理解できる。その空間を五感で体感したとき、ものの向こうに人が見えてくる。自分の目で見て、肌で感じたことは、人の話や書物を読んだだけでは得られない自分自身の無形の財産になる。より多くの質の高い空間にふれることで、少しずつ建築に対する自分の価値観が育まれてくるはずだ。

建築と周辺の環境を描く。「山口県立山口図書館」設計：鬼頭梓建築設計事務所、1973年（トレーシングペーパーに色鉛筆）

●──スケール感覚を養う

「もの」には、そのかたちに相応しい、「この大きさだからいい」というものがある。たとえば焼き物には「抱き心」が大切で、実際に手に取ってみると手の平に馴染んで「なるほど」と思うことがある。スケールを与えることは、ものに命を吹き込むうえでとても重要な行為である。名建築も、必ずそれに相応しいスケールとプロポーションをもっている。適切なスケールで設計されてこそ建物は「建築」になる。

名建築をスケッチしながら、ときには採寸をする。ここで留意すべきは一度予測してから採寸することである。最初からコンベックス（巻尺）で当たらないほうがいい。自分のスケール感覚を身につけるためでもある。そのほか、建物へのアプローチ、動線からどのように視界が変化し、何が見えるか、また美しく見せるためのデザイン上の工夫など、常に建築にふれ、実物から学ぶことが大切である。

外壁のデザインは柱梁の構造をそのまま表現し、繰り返しのパターンの連続に見える。しかし描いてみると、柱は上階で絞られ、生の構造躯体に意匠が加味されていること、壁と窓のパターンも必ずしも一定でないことに気づかされる。
「横浜市庁舎」設計：村野・森建築設計事務所、1959年（スケッチノートに水性ペン＋透明水彩）

01 手を動かすことから

●――名建築が生まれる背景

クライアント（施主）の建築に対する深い理解と建築家に対する信頼、それに応える建築家の存在、工事に携わる施工者の技術者としての誇り。これらの密接な結び付きの度合いで、いいものができるか否かが決まる。施主、設計者、施工者の三位一体なくして名建築は生まれない。

公共建築の場合、間接的なクライアントは、市民である。多くの公共建築の設計者は、入札で選定されるが、建築家との信頼関係を破壊し、設計料の安さを最終の決定要因とするこの野蛮な行為を行っているのは先進諸国のなかでおそらく日本だけだろう。文化的行為として建築が市民権を得るのは一体いつのことだろうか。

見学に訪れた際のスケッチ。チケットを貼り込むことで当時の状況が甦る。「日本生命日比谷ビル」設計：村野・森建築設計事務所、1963年（スケッチノートに鉛筆＋透明水彩）

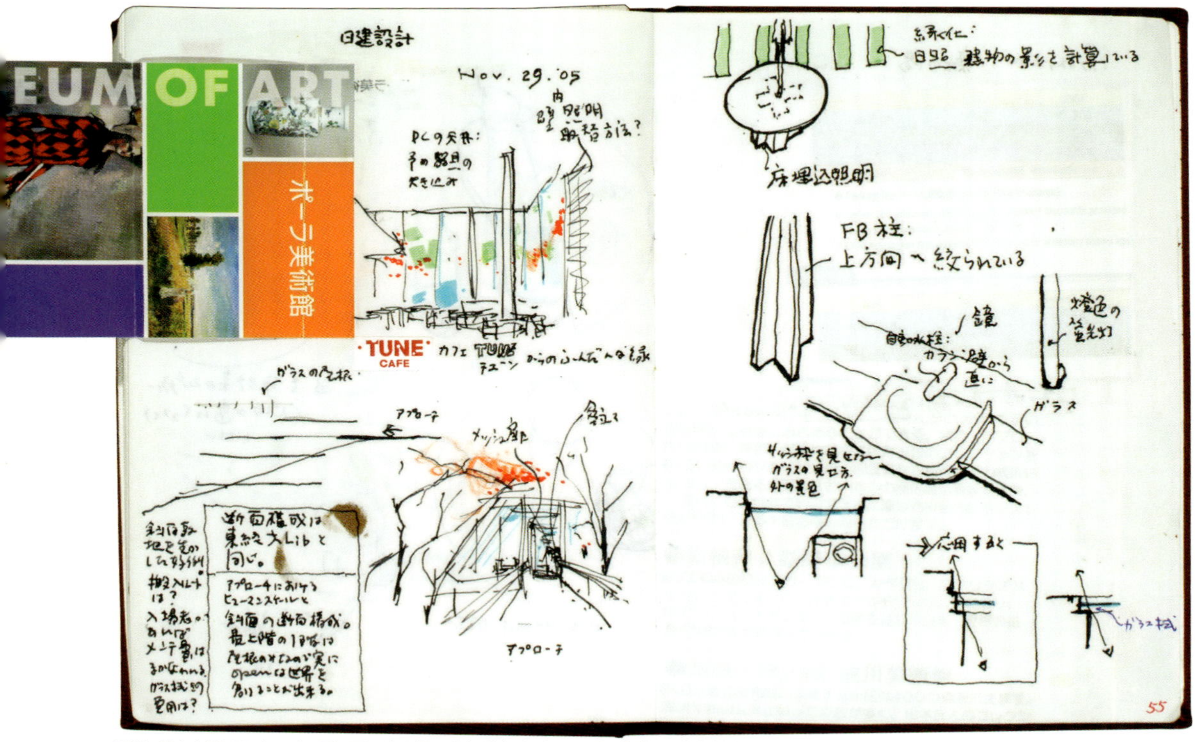

見学に訪れた際のスケッチ。ディテールの扱い方などをメモしている。「ポーラ美術館」設計：日建設計、2002年（スケッチノートに万年筆＋マーカー）

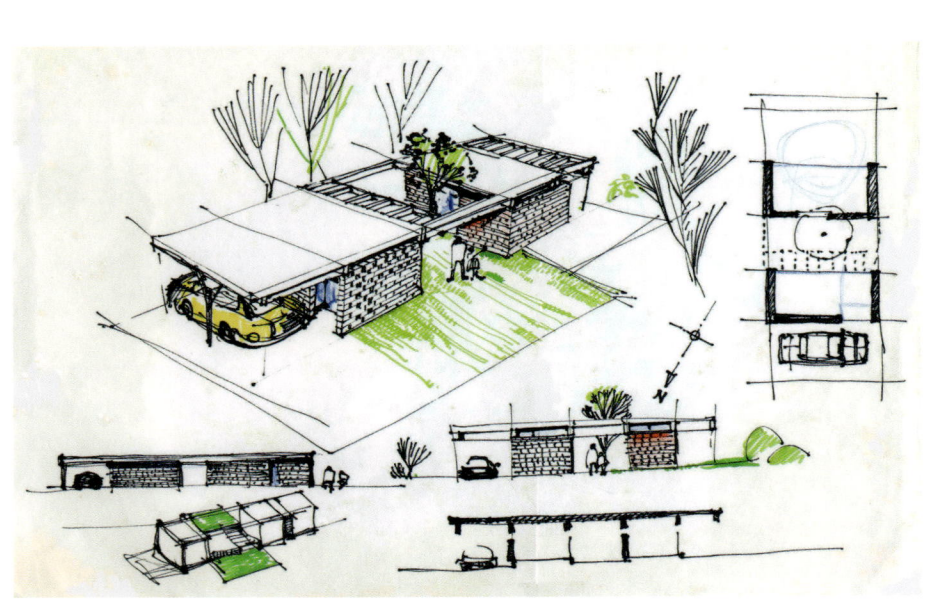

02 デザインのためのエスキース

スケッチ、エスキース、ドローイングといい方はさまざまだが、どれも脳を触発して、指先からアウトプットする表現行為であることに変わりはない。「スケッチ」、「エスキース」は主にデザイナーが自分のためのスタディとして行うのに対して、「ドローイング」はプレゼンテーションとして他者にイメージを伝えるためのものである。「建築家になるためには身の丈ほどのスケッチを重ねろ」といわれるが建築家に限らず、ものづくりに携わるデザイナーすべてにあてはまる。イメージをかたちにするためのエスキースは、デザインワークにとって必要不可欠なものだ。

1章では、モチーフを身の回りの世界に求め、外的世界からの印象を素直に受け止めてスケッチする大切さを述べた。一方、本章では内的風景（イメージ）を表現するエスキースについて、実例をあげて紹介する。

用途で使い分けるエスキースのいろいろな表現

コンセプトを見つける手段

●―エスキースは内的表現

エスキースは、これからつくられるもののイメージの表象化として、目的をもって描かれる。描くことは、見え方の確認や、完成予想であったり、あるいは人の動きの予見であったり、その目的はさまざまである。いずれも創造へのイメージの具現化であることに変わりはない。したがって、その目的に応じた多種多様な表現方法をとるので定型がない。

建築家のエスキースを見ると、1枚のエスキースにそのコンセプトが語られていることがよくある。デザインの思考過程が理解でき、迷いや何をやりたいのかが見え、興味深い。実際に実現せず、日の目を見ないエスキースのなかに、面白いアイデアが埋もれていたりすることもある。

図面は決定した1本の線で表現されるのに対して、エスキースは太くて柔らかい数本の線で描かれることが多い。その混沌とした茫洋な線のなかから、より相応しい線が決定されることになるのだが、捨て去られた線にむしろ価値を見つけることもある。

イメージスケッチ（エスキース）

最初のイメージは、ぼんやりした抽象的なものから具体的なものまでさまざまだが、頭に浮かんだものを自由に思いついたままに描くのがよい。色、かたち、つじつまが合わなくてもかまわずにどんどん線を引き、色を置く。建築は、ある秩序を求めるが、その秩序に至るまでは、矛盾し相反するものからスタートすることが多い。建築には、さまざまな制約がある。意匠・構造・設備・法令・時間・コストがその主たる構成要素である。そして最終的には、そのイメージに対して具体的な寸法を与えなければならない。ここでは、あえてその制約から離れて、イメージを膨らませる建築へのアプローチの例を挙げる。

●―柔らかく、太いもので描く

空間全体の構想を練るときには細部にとらわれたくないので、先の尖った芯の硬い鉛筆より、柔らかく太いもののほうがエスキースに向いている。

●―パース的な立体表現

明確なかたちになっていない段階で、イメージやコンセプトを探り、それを頼りにしながらエスキースする。こんなとき、パース的に立体表現してみると理解しやすい。

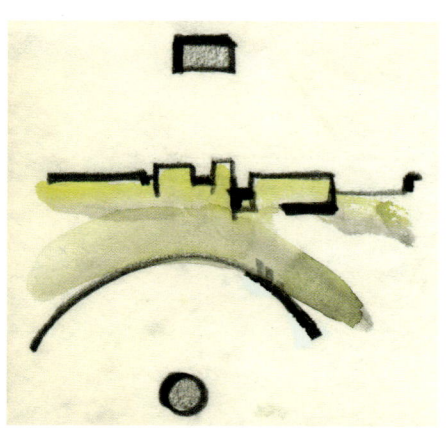

K美術館配置図。二つの相反するシンボルを生かしつつ、それぞれに相応しい「場」の形成をイメージする（水彩紙に6B鉛筆＋水彩）

屋根の重なりと垂直性を意識している。バックの空を着色することで建物が浮かび上がる（水彩紙にサインペン＋色鉛筆）

02 デザインのためのエスキース

●──ものに「かたち・色・ひかり」あり

「かたち」は「ひかり」がないと視覚化されないし、「色」も「ひかり」の強弱、波長により大きく変化する。さらに「色」によって「かたち」の印象も違ってくる。それぞれ単独では存在せず、三者が相互に絡み合っている。「かたち」には寸法が当てられ、スケール感覚が要求される。「色」は視覚情報の多くの部分を占めるといわれ、「色」の心理的属性、相性が問われる。「ひかり」の基本は自然光だが、いまや人工光（あかり）も空間の雰囲気をつくる大きな要素である。これらを紙の上でデザイナー自らが確認する作業は機械には取って代わることのできない必須事項であり、決して怠ることがあってはならない。

M市庁舎配置図。空間の骨格と緑との融合
（大学ノートに水性ペン＋透明水彩）

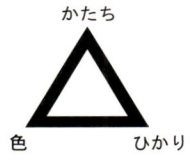

M市庁舎断面図。空間の骨格を見る
（水彩紙に水性ペン＋透明水彩）

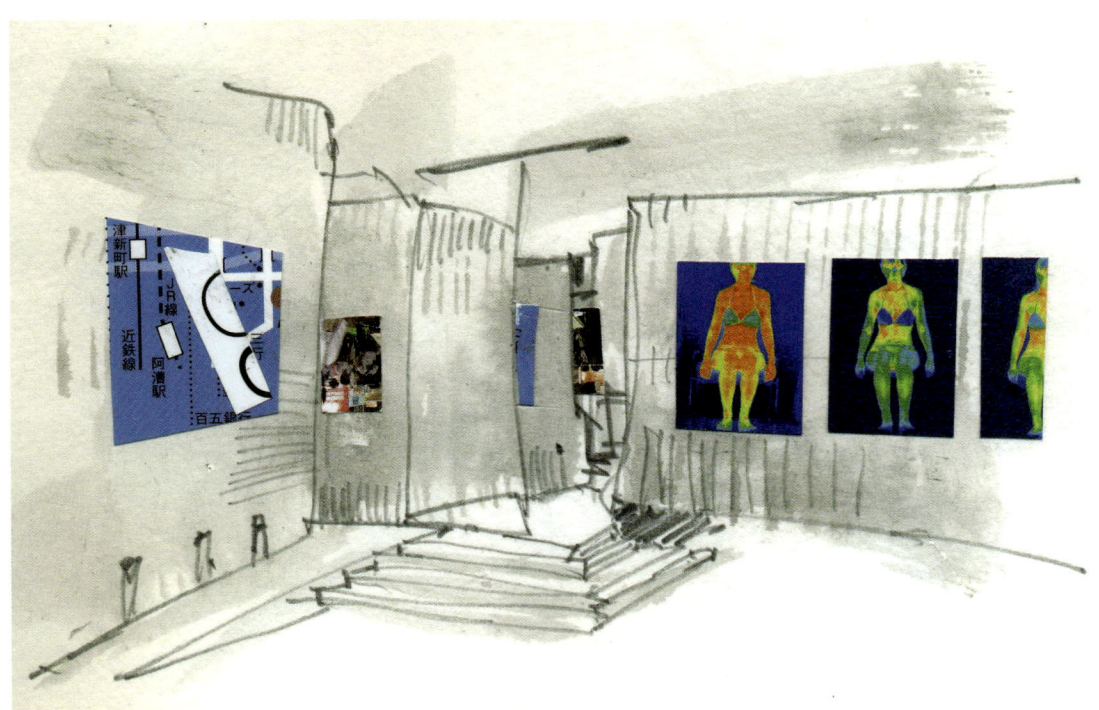

M市庁舎展示空間のイメージ（トレーシングペーパーに鉛筆＋マーカー＋水彩＋コラージュ）

●──縮尺を決めてエスキースする

ものにはそれに相応しいスケールとテクスチャーがある。建築もまたその例外でなく、具体的な寸法のなかで縮尺を決めてエスキースが行われる。

フリーハンドでスケール感覚を磨きながら、手に覚え込ませ、身体化させる。常に、人の大きさと動きを意識することを忘れてはならない。

同じ縮尺のプラン（平面図）とエレベーション（立面図）を並べ、両者を見比べながらエスキースを重ねる。それらのフィードバックの繰り返しから、さらに新しいアイデアが生まれ、収斂していく。

K美術館エレベーション（S＝1/200）のエスキース。樹木と建築物のバランスを見る（水彩紙に鉛筆＋透明水彩）

K美術館プラン（S＝1/200）のエスキース。空間のメリハリと建物の分節化（水彩紙に鉛筆＋透明水彩）

K美術館と樹木との関係を見ながらのエスキース
（トレーシングペーパーに鉛筆）

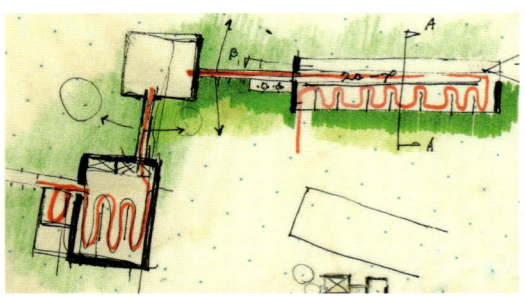

K美術館内の庭を意識した渡り廊下と、一筆書きの動線
（クロッキー帳にサインペン＋色鉛筆）

敷地を読むためのスケッチ

「現場でわかること」と「現場ではわからないこと」がある。建築はその土地と切り離せないものだから、その土地がもっている歴史や気候風土などは、きちんと押さえておく必要がある。これらの多くは現地を見ただけではほとんど伝わってこない。だから事前に調査しておかなければならない。

地名からも地盤の概要を知ることができるが、「敷地の個性」は読み方により、一様ではない。ほかにも前面道路の幅員、ライフラインの埋設状況など調査項目は多岐にわたる。

設計をはじめるにあたって、私たちはまず、現地を訪れる。文献や資料をあたっても、その場に身を置いてみないとわからないことがあるからだ。敷地の広さを体感し、身体化することをその目的とするが、その場所からインスピレーションを受け取ることもある。

敷地の印象は、その場で何でも記録しておく。設計の途中で壁にぶつかり、にっちもさっちもいかなくなったとき、そのときの記録が役に立つ。

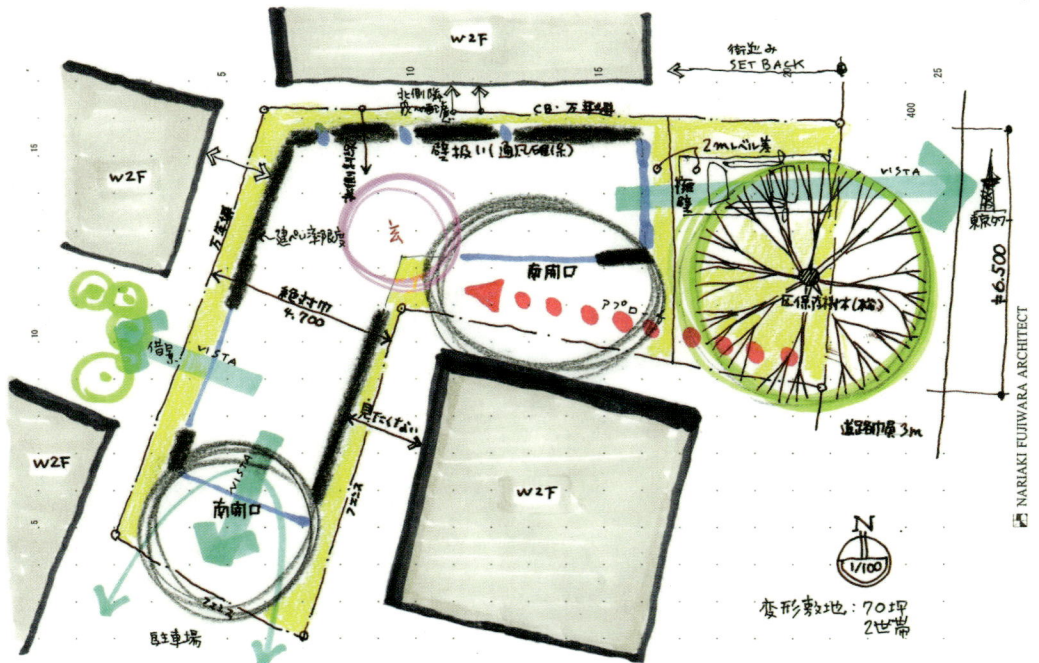

敷地から何を受け取るかは千差万別である。住宅の建設予定地へ赴いて、記録した一例である。道路と高低差があるL字型の変形敷地。周辺の状況を見回して、眺望や既存樹木を確認する（スケッチノートにサインペン＋色鉛筆＋マーカー）

かたちの確認

●―立面のエスキース

主としてマッスの構成、プロポーション、煉瓦の外壁とコンクリート打放しの配分、植栽とのバランスなどを見ている。立面図が変化すれば当然、断面図、平面図にも影響してくる。平面のエスキース段階で未決定な箇所はそのままにしておき、立面図、あるいは断面図からの要求で、未決定の箇所を具体化する。求めるかたちは一般図（配置図、平面図、立面図、断面図）とパース、模型のあいだを何度も行き来し、収斂していく。

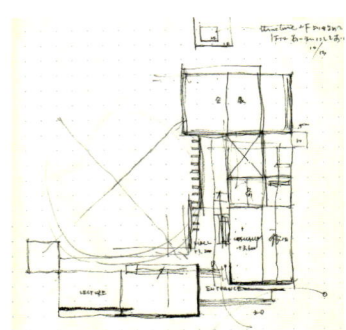
平面

断面

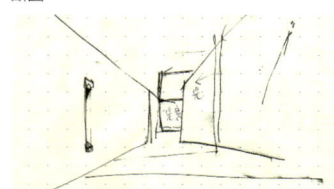
空間の確認

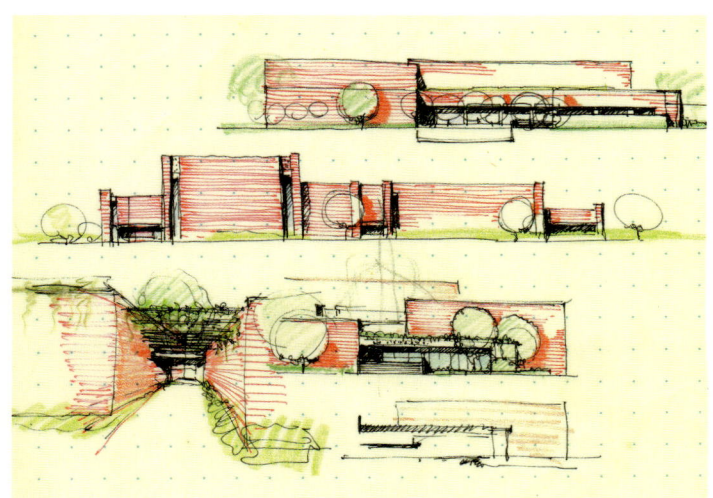
S美術館立面のエスキース（クロッキー用紙に水性ペン＋カラーペン＋色鉛筆）

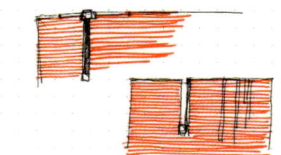
ディテールの検討

●―ファサードの検討

建物正面の立面をとくにファサードという。いわば建物の顔である。したがって、基本設計の段階で十分な検討が行われる。周囲の環境とどう折り合いをつけるか、平面や断面スケッチを傍らに置いて、リアリティのある、より相応しい「かたち」を求めることになる。

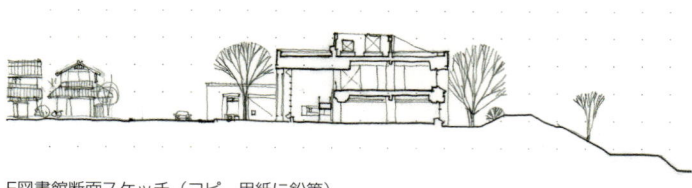
F図書館断面スケッチ（コピー用紙に鉛筆）

F図書館ファサードのデザイン案（トレーシングペーパーに鉛筆）

02　デザインのためのエスキース

● 模型を利用したエスキース

模型の利点は客観性にある。そして、視点を変えていろいろな方向から眺めることができる。「かたち」の妥当性を決めるのにも有効である。模型の利用法として、模型に直に描いて検討することもあれば、写真にして、スタディすることもある。思考やエスキースを多く重ねた分だけ質の高い建築になる確率が高いので、ただひたすら手を動かし、指先で考えるしかない。

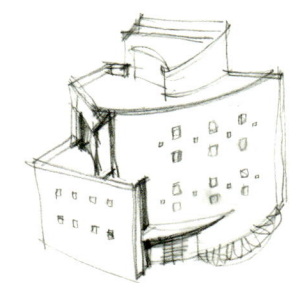

窓の取り方を検討したエスキース（トレーシングペーパーに鉛筆）

窓などを描き込んだ店舗併用住宅の模型写真

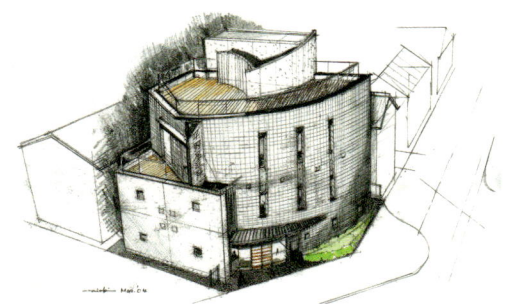

上のパースから、違うバリエーションの立面をエスキースする（コピー用紙に鉛筆＋色鉛筆）

● パソコンの3Dを利用

最近では、パソコンの3Dを利用することも増えてきた。画像を取り込んで、線を描き加えるだけのいたってシンプルな方法だ。ヴォリューム模型をデジカメで撮影し、プリントしたものに描き込む。

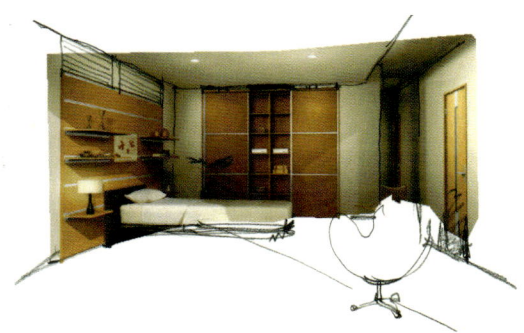

寝室2に家具を置いたときのイメージ（インクジェット紙に鉛筆）

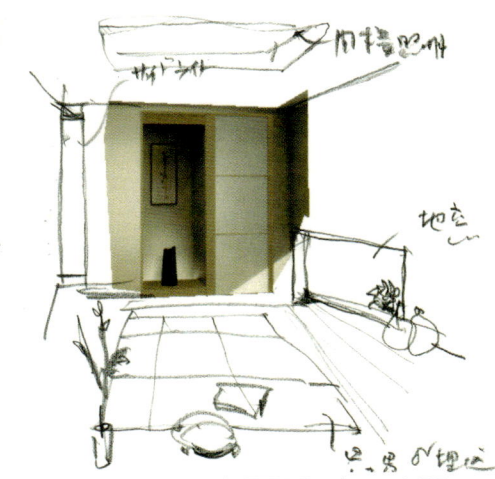

店舗併用住宅寝室1の家具などの配置とそのバランスを見る（インクジェット紙に鉛筆）

寝室3に家具をセットし、書斎との関係を見る（インクジェット紙に鉛筆）

正確に点取りをしたパースでプロポーションを確認

おおむね一般図ができ上がり、実施設計に入る段階で、正確なタイル割付けができるパースを作成する。タイル仕上げの場合、コーナーの役物など、2次元平面ではなく3次元立体で描いたほうが納まりの不具合が発見しやすい。

フロア表示とパネル割りの根拠。添景を入れておくとスケールが感じられる。高さの根拠となるメジャースケールも残しておく（画用紙にサインペン＋色鉛筆）

Mビルの正確に点取りをしたパースの原図（トレーシングペーパーに鉛筆）

02 デザインのためのエスキース

●―ファサードのデザイン

ファサードは都市景観形成上、重要なエレメントの一つである。

外観のプロポーションは同じでも、今日では、コンセプトに応じ、多種多様な表情をつくることができる。このような数多くのエスキースのなかからデザインの方向性が決定されていく。

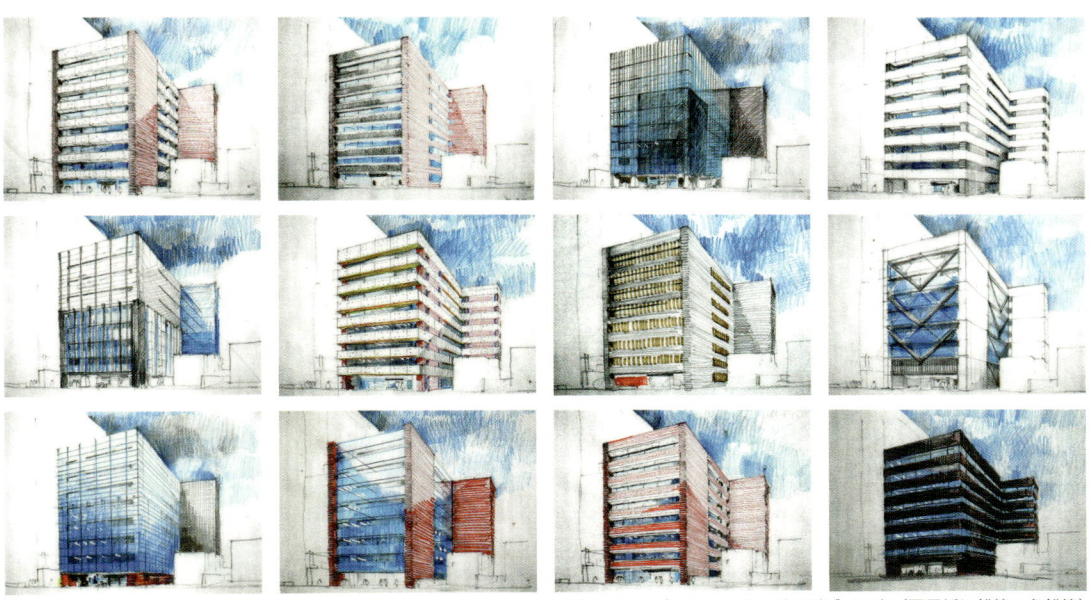

Mビルのさまざまなファサードのデザイン案（画用紙に鉛筆＋色鉛筆）

●―エントランスのエスキース

玄関回りは建物の顔として、とくに注意を払うべきスペースである。
デザインの検討は常に、意匠はもちろんのこと構造や設備を勘案しながら行われる。平面のイメージはスケッチパースにしておくと、スムーズにクライアントと意思の疎通を図ることができる。

Mビルのコンセプトに応じた多種多様なエントランス（トレーシングペーパーに鉛筆＋色鉛筆）

戸建て住宅の設計　事例／「T・Y邸」設計：藤原成曉設計室

住まいをつくるエスキース

住宅は、あらゆる建築の原点である。クライアントの要望を聞いて、その土地に見合う住まいを設計する。一つ一つ丁寧な仕事に裏づけされた建築は、住む人にとっても愛着が湧き、永く生き続けることができる。そうするためにも、設計者を「入札」で選んではいけない。「設計入札」は設計行為を破壊する野蛮な行為であり、建築の質を低下させる。設計者はクライアントとの信頼関係があるからこそ、設計に、より多くの時間を費やすことができ、繰り返し、エスキースを重ねることができる。

北東から見た外観

エントランス夜景

敷地の個性を読む

あらかじめ敷地図に建蔽率、容積率などの法的基準、方位、道路の幅員などを記入しておき、現地調査をする。まず敷地を歩いて敷地の広さを体感すること。コンベックスがなくても自分の体をスケールにして、測定することができる。また、周囲の環境、眺望など、印象に残るものすべてを1枚の紙に記入して残しておく。このときのメモが、やがて基本設計から実施設計、あるいは現場での設計変更の過程で迷ったときの指標になる。だから現場との最初の出合い、インスピレーションは大切にしたい。

そして、ときには専門的なマニュアル的決めごとを離れて、生活者の視点でエスキースをするのもよいだろう。敷地のエスキースは、広く茫漠とした観点からはじめるのが第一歩だ。

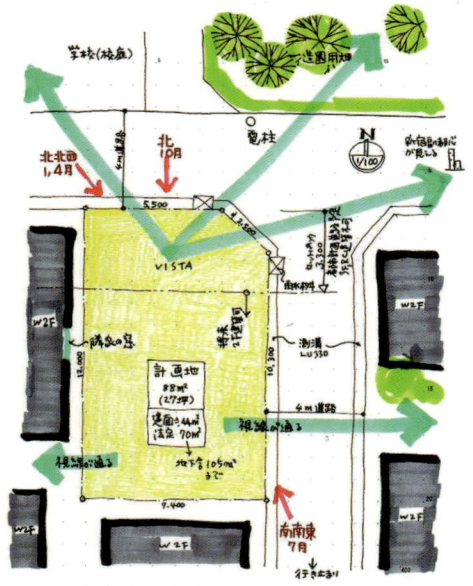

敷地調査のときのスケッチ（スケッチノートに水性ペン＋マーカー）

平面のエスキース

●―はじめに平面ありき

建築空間の基本構成は、「床と屋根（天井）」あるいは「床と壁」に大別される。いずれにせよ床は建築空間の構成要素として共通のものである。床は領域をつくり、連続することで動線が確保される。空間構成を把握するには、平面図がより適している。その際のエスキースはできるだけ太くて柔らかい鉛筆で大らかに、大まかに、スタートするのがよい。部分にとらわれずに全体を見ながら、空間を組み立てること。

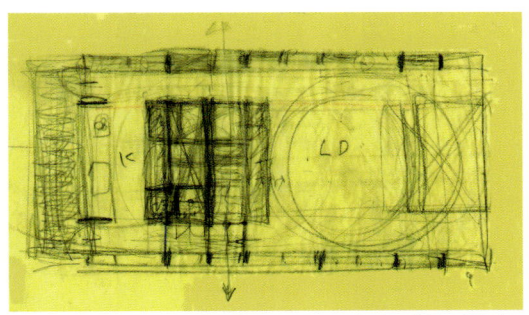

空間の骨格を模索する初期段階のエスキース。1/50の縮尺で行うと、大きく全体像を見つつ、ディテールにも入っていける
（イエロートレペに鉛筆）

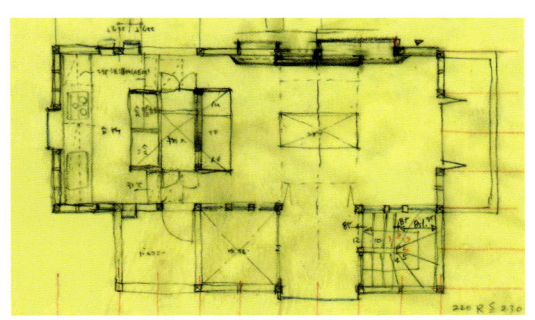

細部まで描き込まれ、完成形に近いエスキース
（イエロートレペに鉛筆）

断面のエスキース

●―断面に寸法を与える

平面図の段階でイメージしていた空間に縦方向の寸法を与え、断面図を起こしてみる。そして、さらにスケッチパースを描いてみる。寸法の裏づけ（平面図と断面図）のあるパースには説得力がある。

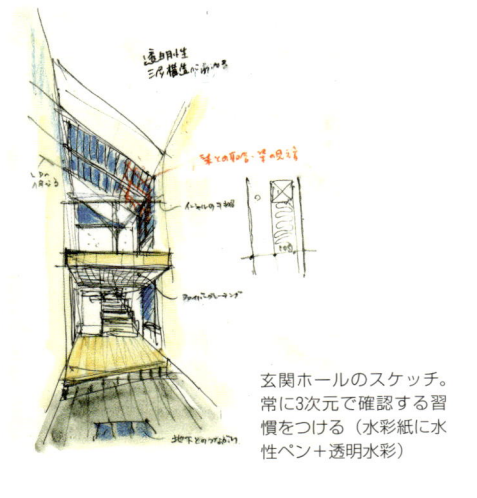

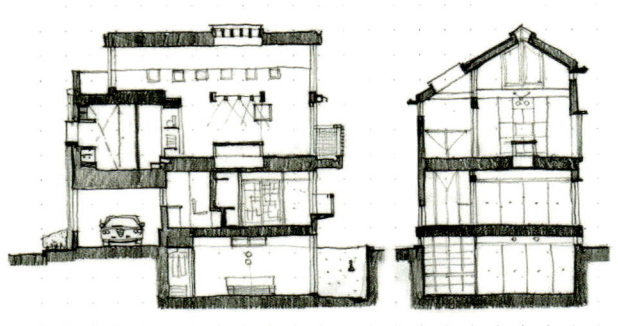

玄関ホールのスケッチ。常に3次元で確認する習慣をつける（水彩紙に水性ペン＋透明水彩）

空間の抑揚や構造計画、設備ルートなど、高さ方向の十分な検討のためのエスキース（トレーシングペーパーに鉛筆）

戸建て住宅の設計

立面のエスキース

建物は単体としては存在しない。街並みや景観を形成する要素の一つとして大きな役割をもつ。建築協定などで壁面線を揃えたり、軒の高さや塗り色などを規制して、街並みにある一定の秩序をもたせることがあるが、法的制約がなくても、設計者は周囲のことも考えながら外観を整えるべきである。道に対し建物をセットバックしたり、生垣などの緑で道行く人に対して配慮することで街並みがより豊かなものとなるはずだ。草花や樹木も、大切な街並みや景観のツールである。こうした要素を取り入れながら、平面、断面だけでなく、立面を加えた三つ巴のエスキースを繰り返し行うことで、イメージをより確かなものにすることができる。立面図の段階では見えないことも、パースにしてはじめて把握、確認されることも多い。何度もエスキースによるフィードバックを行うことで、具体的なかたちが見えてくる。

外観のイメージスケッチ
(この頁すべてトレーシングペーパーに鉛筆+色鉛筆)

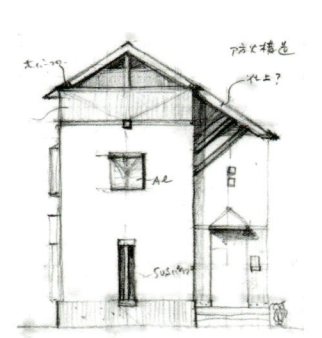

ファサードの検討1
アプローチ上部の屋根を方杖で支える

ファサードの検討2
北側の眺望を生かすためのバルコニーをつくる

ファサードの検討3
二世帯住宅を屋根で形象化する

ファサードの検討4
インテリアを意識して窓の配置を考える

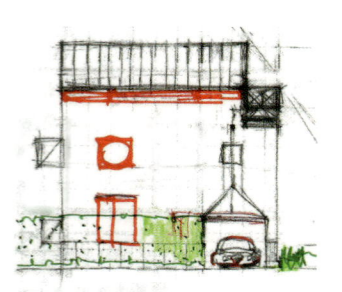

ファサードの検討5
窓を消して全体のプロポーションを見る

ファサードの検討6
面だけでなく、立体としても見る

ディテールのエスキース

ディテールのエスキースは、原寸あるいは原寸に近い縮尺で行うので最も実物に近い図面と言える。詳細を知ることは、ものの成り立ち、組み立ての順序を知ることである。

近年CADによる部品のデータ化が盛んだ。これはこれで作図時間の省力化という点では誠に喜ばしいことだが、ややもすると一つの建物が多くの「部品の切り貼り」でできてしまう傾向にある。設計図がCADデータのドラッグ＆ドロップで完成してしまうのである。「デザインする心」はいつの間にか「選ぶ目」に変化してしまうことになる。部品の中身に疑問をもたないで「貼り付け」てしまうのは問題だ。「設計の基本」を見失わないためにも、ときには、ゼロからディテールを見直すことも大切である。たとえば、既製品のサッシであっても、ときには自らの手でなぞって確認することがあってよい。

そのような積み重ねの作業があってこそ、一本筋の通った血のかよった建築に近づくことができるのだ。体全体から爪の先まで統一感のある建築であってほしい。平面のエスキースであろうと、断面、立面であろうと、その裏づけとしてディテールを考える習慣を身につけておきたい。

●──立面が成立するためのディテール

1/100のスケールで全体のプロポーションを確認する。シャープな外観にするため、出隅のコーナー部と影を落とす部分のディテールを合わせて検討する。裏づけのある納まりがエスキースできると立面が完成する。窓の大きさ、プロポーションは単に外観だけでなく、インテリアとの兼ね合いで決定する。

気をつけたいのは、外に出ている堅樋。あらかじめ、外にあるものはすべて描き込んでおく。せっかくのデザインも堅樋やベントキャップ、設備機器などで外観がぶちこわしにならないよう気をつけたい。

また、設備用の壁貫通口は、構造や天井高との取り合いがあるので、ほどよい位置にレイアウトしてすべてがバランスよく納まるまで、幾度もエスキースを重ねることが肝心だ。

壁の納まりのエスキース（トレーシングペーパーに鉛筆＋色鉛筆）

異種壁どうしの納まり（トレーシングペーパーに鉛筆）

戸建て住宅の設計

●―イメージを裏づけるディテールのエスキース

イメージだけをただひたすらスケッチする場合もあるが、気になるポイントがあったならフリーハンドで詳細図を描く。そうすることで絵空事でないリアリティのあるものになる。たとえばインテリアエレメントとしての建具などもその一つで、動くものだけに意匠はもちろんのこと機能や構造も詰めておきたい。

●―変化するリビングダイニング

普段は中央に掘炬燵のある「座の空間」だが、炬燵と置畳を収納して蓋をすると洋室に変化する。視線の高さの変化はエスキース時のスケッチパースのときから意識することが大切だ。立位と座位では生活空間が違う。

●―天井伏図とパース

天井のパネル割りをスケッチパースでチェックする。空間に広がりをもたせるため、斜め天井の目地が欄間のガラスを跨いでいる。図面ではわかりにくい部分がパースを描くと見えてくる。

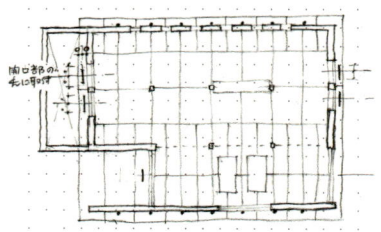

天井伏図。化粧目地の割付けに合わせ、トップライト、照明器具などの位置決めを行う。化粧目地はガラスを跨がせて二部屋の一体化を図る（38-39頁ともトレーシングペーパーに鉛筆）

壁の扱い 1。左の壁をガラスにして開放的にした場合

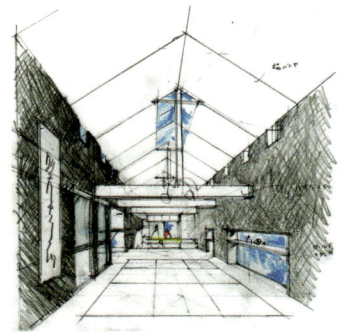

壁の扱い 2。左の壁を閉鎖的にした場合

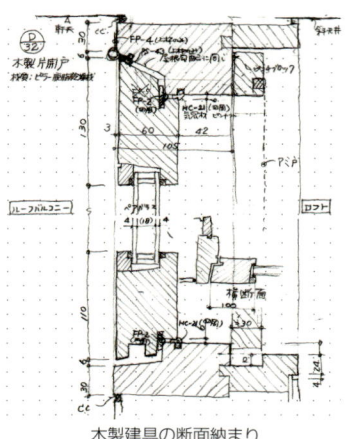

木製建具の断面納まり

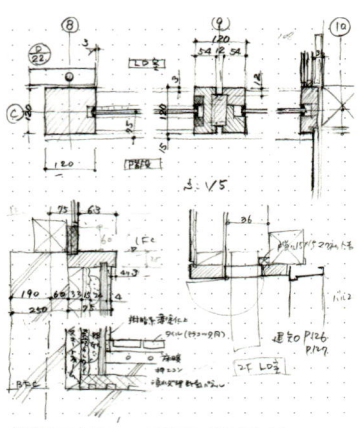

ガラススクリーンの平面・断面納まり

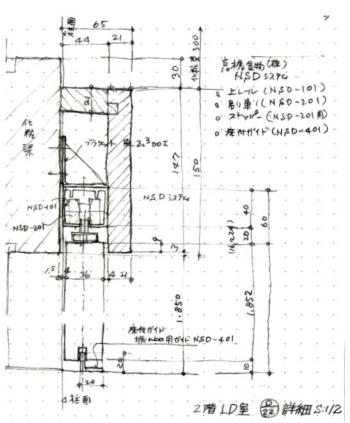

吊り戸レールの断面納まり

02 デザインのためのエスキース

●――玄関の床にプリズムガラスを埋め込む

「プライバシーは守りながら家族の気配を感じたい」という、この住まいの基本コンセプトを玄関にも適用するため、生まれたディテール。

トップライトから吹抜けを通して玄関に導かれた自然光が、さらに地階の書斎へと落ちる。逆に夜は地下の書斎のあかりが玄関の床上に漏れる。

この玄関は、階段の中心軸をすべての割付けの基準としている。したがって、このプリズムガラスをはじめ、正面階段、2階の手摺子がこの軸上にのり、床、壁、天井すべてがこの軸を基準に割り付けられている

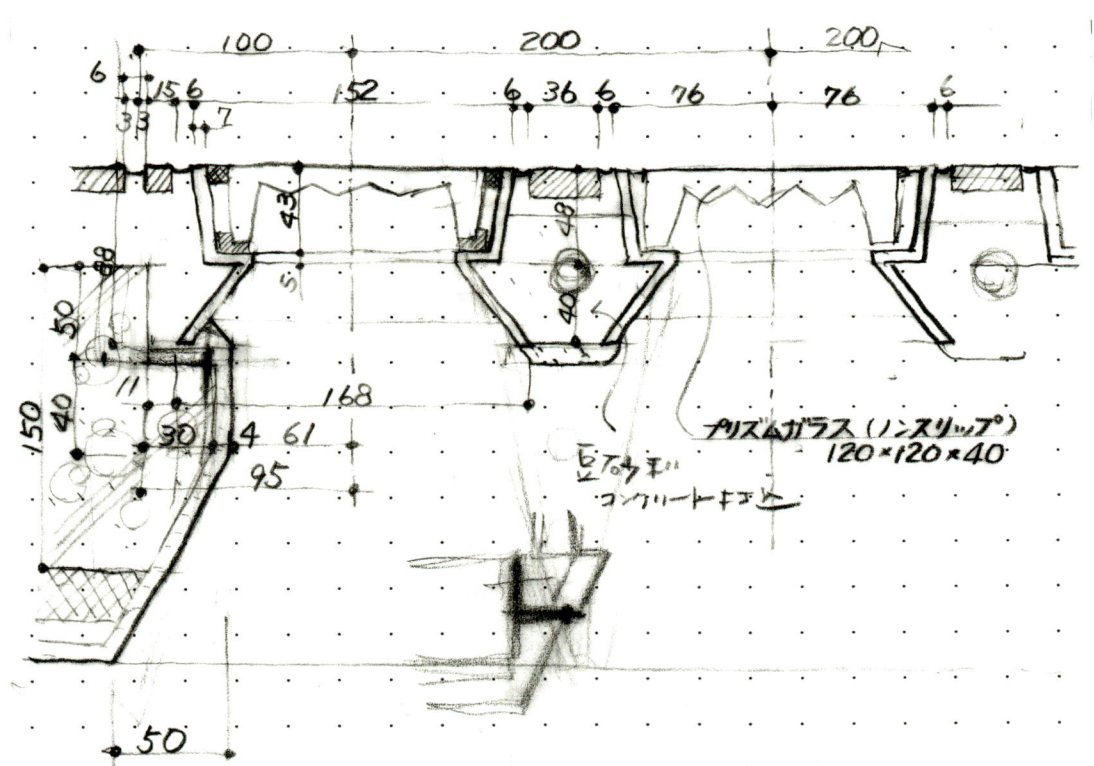

玄関床断面詳細エスキース

●――エスキースの際に押さえておきたいディテール

この建築にはディテールがあるとかないとか言うことがある。「納まりがいい」と言ったりもする。ディテールの有無が空間の善し悪しを決定づける。

ときとともに愛着が湧き、ときを経るごとに美しくなる建築は、必ずと言っていいほどディテールがしっかりしていて、納まりがよい。納まりのよい建築は時間に耐えることができる。図面上で線を1本消すためには、ディテールの裏づけが必要であり、根拠のない抽象化は時間に耐えることができない。ここに空間を支えるディテールの大切さがある。

集合住宅の設計　事例／「K集合住宅」設計：鬼頭梓建築設計事務所

低層集合住宅の共用空間

容積率限度内の貸室面積を確保しながらコンパクトで無駄のない室内空間と、共有空間に対しても必要最小限の面積でより豊かな空間をつくることを目指した結果、中廊下を核とした住戸配置となった。

窮屈でない、広がりのある空間にするため、住戸玄関回りのデザインに気を配っている。たとえば、メーター類を整理して建築化したり、照明の配置、床のパターン、コンクリート打放しの壁などの割付けは、意匠性と施工性の理由により、すべて900mmピッチの立体格子にのせて設計している。シンボルツリーの欅は、季節感と道路からのほどよい目隠しとなり、ファサードづくりに寄与している。集合することのメリットを引き出せるかどうかは、住戸内の計画はもちろんのこと、共有空間をどのように設計するかで決まるといってよい。

欅越しに共有空間を見る

●──コンクリート打放しの外壁

900×1,800mmの塗装合板の割付けとPコンのピッチ（600×450mm）を基準に割り付ける。パラペットの打継ぎ目地をなくして、2階壁と同時打ちとしている。照明器具、消火器ボックス、定礎などの要素を厳格にパネル割りと関連づけ、モノトーンのコンクリート打放しとアクセントカラーとしての玄関扉とを検討する。カラースキームも同時に図面化している。

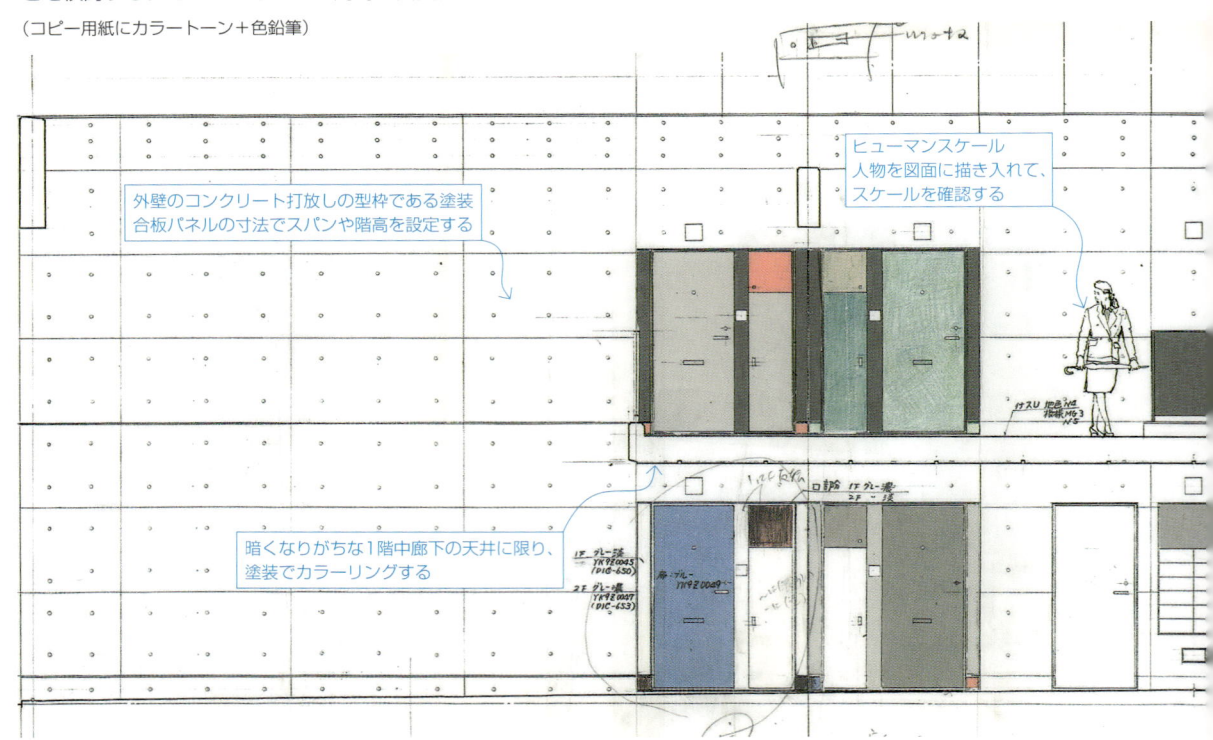

（コピー用紙にカラートーン＋色鉛筆）

外壁のコンクリート打放しの型枠である塗装合板パネルの寸法でスパンや階高を設定する

ヒューマンスケール
人物を図面に描き入れて、スケールを確認する

暗くなりがちな1階中廊下の天井に限り、塗装でカラーリングする

●——床伏図とスケッチパース

単調なタイル貼りの床にアクセントがほしい。外壁のコンクリート打放しのパネル割りに合わせた900mmピッチの床パターンは、通路幅の中心を基準にし、かつ階段のセンターになるように割り付けている。この900×900mmの格子は「モデュール」と呼ばれる。モデュールの寸法は、その建物ごとに定める。これを基準に設計しておくと、寸法が整理され、空間に秩序が生まれる。

目には見えない空間上の立体格子は、設計時の寸法決定の拠りどころとなる。そして、この見えない基準線があるからこそ、現場監理の際、現場に赴いた設計者が、施工寸法の誤差を即座に見て取ることができるのである。

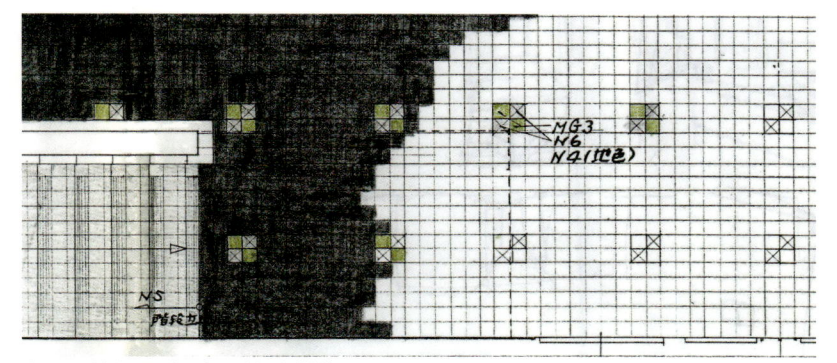

床タイル割付け図（コピー用紙に色鉛筆）

2階中廊下。出入り口はメーターボックスを一体化したデザイン

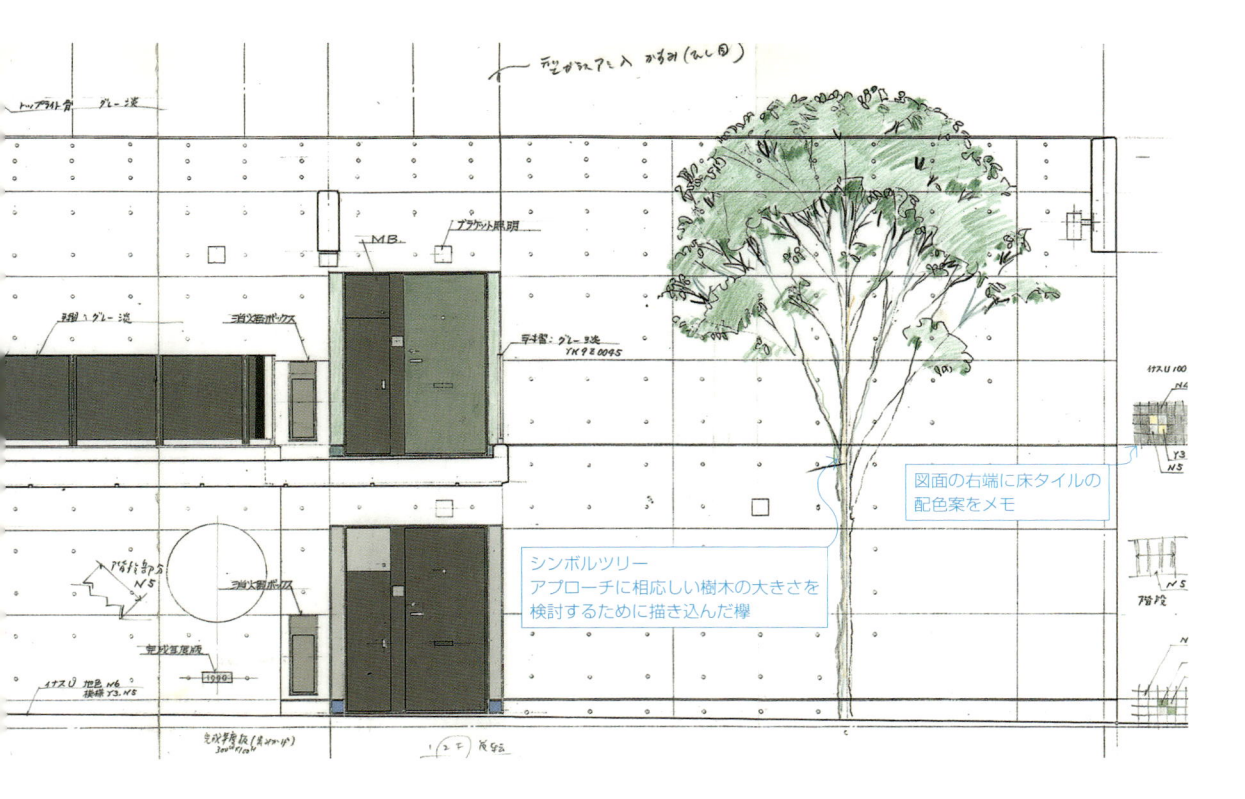

シンボルツリー
アプローチに相応しい樹木の大きさを検討するために描き込んだ欅

図面の右端に床タイルの配色案をメモ

大学キャンパスのリニューアル計画　事例／「T大学」

マスタープランのコンセプト

教育の場こそ、ありきたりの標準設計でない、人間的で豊かな空間がほしい。いつどこにいても自分の位置がわかるマスタープランでありたい。既存の建築群と新設する建物とのあいだにできる外部空間は、教師と学生、学生どうし、あるいは地域の人々との交流などさまざまなアクティビティを生む空間である。

ランドスケープ、動線計画、シークエンスなどに配慮しながら必要なものを配置し、敷地全体の平面、断面、立面、ヴォリューム模型などをベースにエスキースを重ねていくと、あるべき姿が見えてくる。立ち止まったり、動くことによって建物の表情や周囲の緑などが人の目にどう映るのかをイメージし、エスキースを重ねることも重要である。コンセプトが言葉でなく、図面上に視覚化されると、設計チーム内のコミュニケーションも円滑に進み、全員が明確な目的に向かって収斂しやすい。どんなに敷地は広くても、エスキースをはじめるときの図面の大きさはA3サイズから。両手を広げたときの大きさは全体を掌握するのに適している。

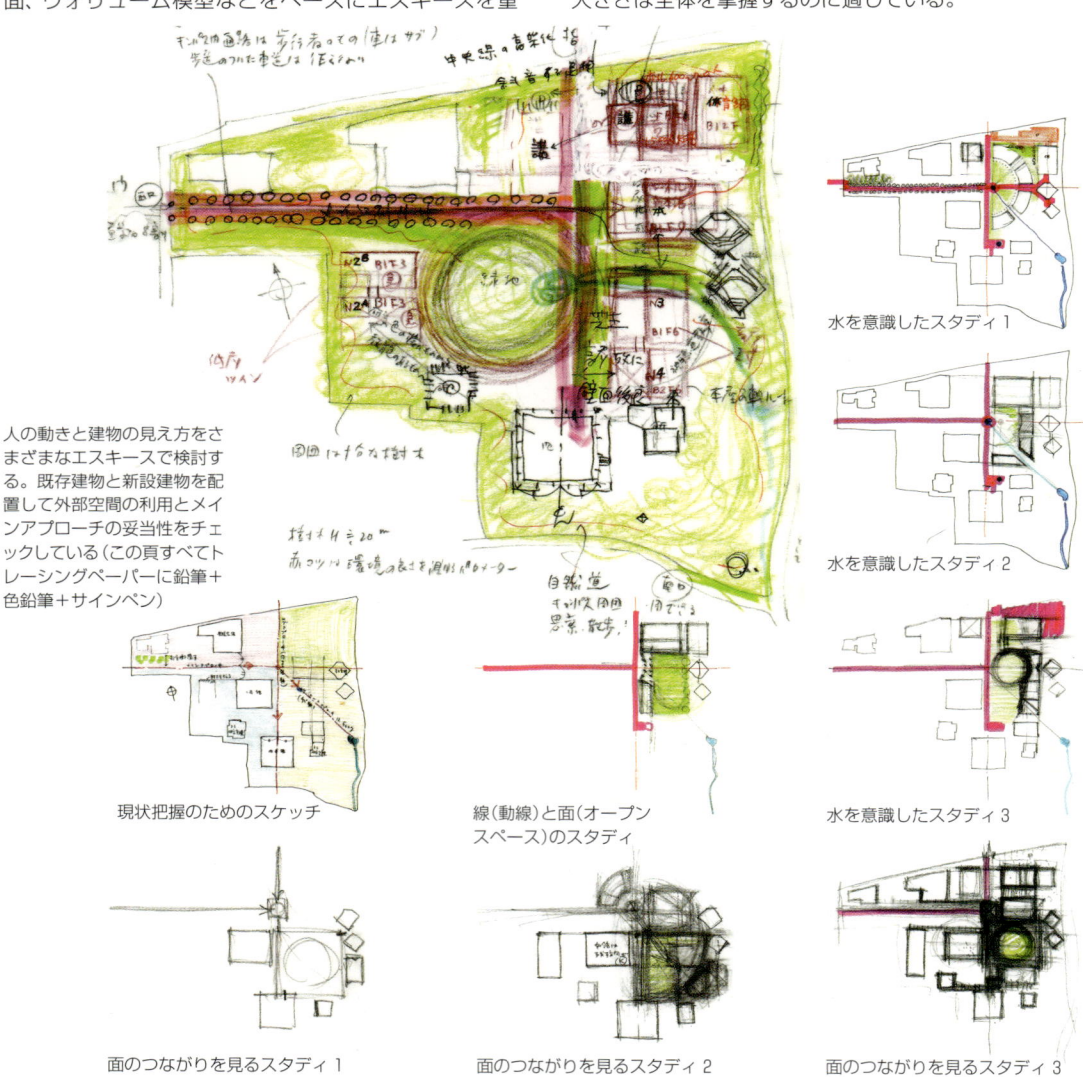

人の動きと建物の見え方をさまざまなエスキースで検討する。既存建物と新設建物を配置して外部空間の利用とメインアプローチの妥当性をチェックしている（この頁すべてトレーシングペーパーに鉛筆＋色鉛筆＋サインペン）

水を意識したスタディ1

水を意識したスタディ2

現状把握のためのスケッチ

線（動線）と面（オープンスペース）のスタディ

水を意識したスタディ3

面のつながりを見るスタディ1

面のつながりを見るスタディ2

面のつながりを見るスタディ3

アプローチの検討

メインアプローチからどう見えるか、並木を歩いて建物に近づく様子をイメージスケッチする。距離感の違いによる比較検討を行う。視点はアイレベルが基本。この場合は一点透視で描くのが望ましい。視線の先に何がどう見えたらよいのか検討する。アプローチの幅、樹木の高さも重要なチェックポイントである。
スピードが求められるエスキースには、色鉛筆が多用される。

アプローチ1
ゲートからのイメージ。正面の本館がシンボルとして歩く方向を示唆し、並木が人を誘導する
（3点ともトレーシングペーパーに鉛筆＋色鉛筆）

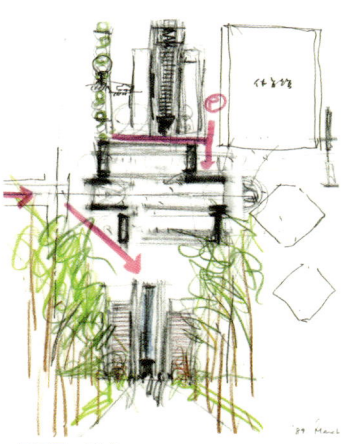

アプローチ2
少しずつ近づいて本館が明確に意識されたあと、さらに右斜め45°方向にある別館への動線を暗示させる。平面を同時に描きながら検討する

アプローチ3
さらに本館に近づくと、右側の並木越しに諸施設が見えてくる。この段階で本館のアイストップとしての役割は終わり、次の目標が新たに設定されたことになる

●―俯瞰すると全体構成が見えてくる

平面、断面、面積表などをにらみながらイメージを具体化していく。コンセプトが視覚化されると、クライアントを含めた設計チーム内でのコミュニケーションがスムーズになるので、全体構成もまとめやすい。イメージやコンセプトがリアリティをもつためには、根拠のある寸法と理解を助けるドローイングがほしい。

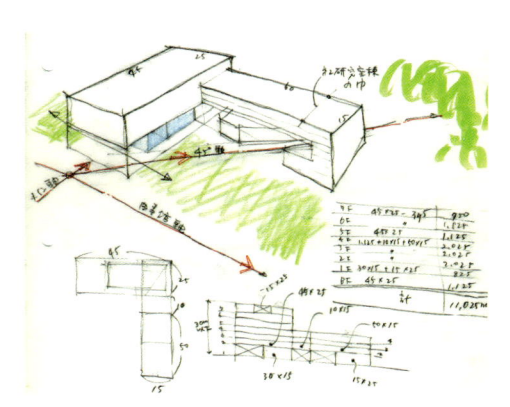

コンセプトの視覚化（トレーシングペーパーに鉛筆＋色鉛筆）

外部空間と内部空間のつながり

外部空間と内部空間とは密接な関係をもっており、一体のものである。したがって外部空間のエスキースは、常にインテリアを意識したものでなければならないし、逆もまた然りである。ここでは中庭を例にとり、回廊の軒天井の高さにポイントを絞って、中庭空間とインテリアとの関係を見る。

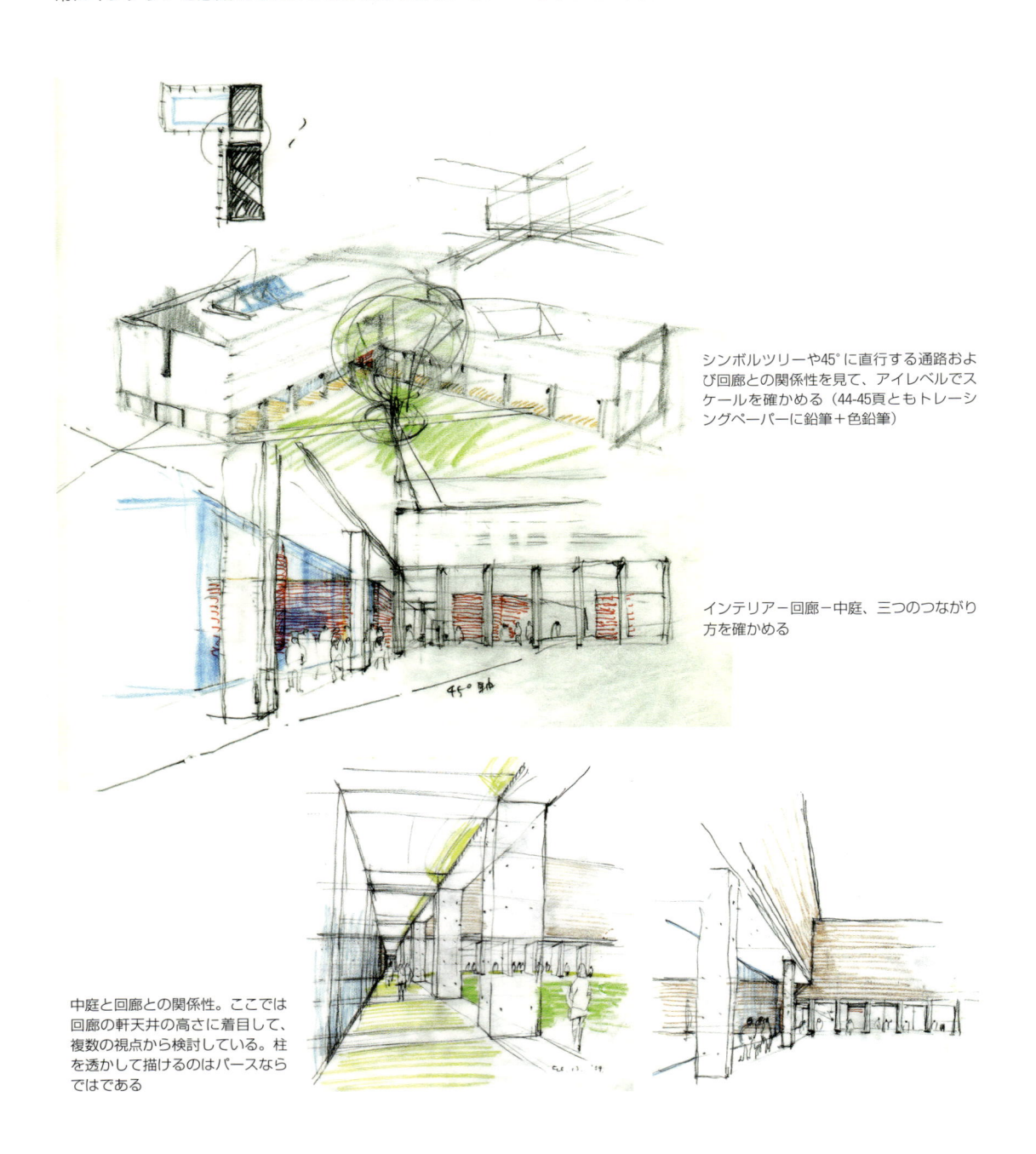

シンボルツリーや45°に直行する通路および回廊との関係性を見て、アイレベルでスケールを確かめる（44-45頁ともトレーシングペーパーに鉛筆＋色鉛筆）

インテリアー回廊ー中庭、三つのつながり方を確かめる

中庭と回廊との関係性。ここでは回廊の軒天井の高さに着目して、複数の視点から検討している。柱を透かして描けるのはパースならではである

中庭のデザイン

中庭は天井のないインテリア空間と見ることができる。三方あるいは四方を建物に囲まれて、閉じてはいるが、開放性を併せもっている。外であって外ではない、内のようで内ではない空間が中庭であり、ヴォリュームに応じて、多様な空間に仕立てることが可能である。エスキースによる思考（手で考えること）でイメージをつくる。

囲まれた感覚の強い中庭に、適切な位置に外階段が配置されているかどうかをチェックするためのエスキース

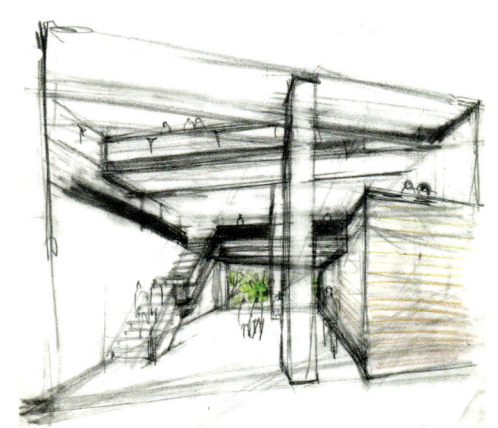

あえて間口を狭め、中庭空間の広がりを強調する案。柱は壁から独立させ、象徴的に扱うことでゲートゾーンとほかとを区別する。連続する壁を頼りに進むと、中庭に入る。絞った分だけ、中庭の空間に広がりが出る

平面（水平方向）と断面（垂直方向）のバランスを間違えると空間にスケール感がなくなり、命取りとなる。近づいたり離れたり、さまざまな角度からのエスキースを作成することが大事

開口部の大きさをエスキースする。建物のあいだからシンボルツリーが見え、中庭を通り、ピロティ、階段と自然に人を導く。開口部を限定することで視線の方向が定まる。人はゲート、広場、回廊、階段という変化のある空間を体験する。エスキースをしながら各シーンの画面構成を考え、絵コンテをつくる映画監督のように、背景と登場人物を想像する

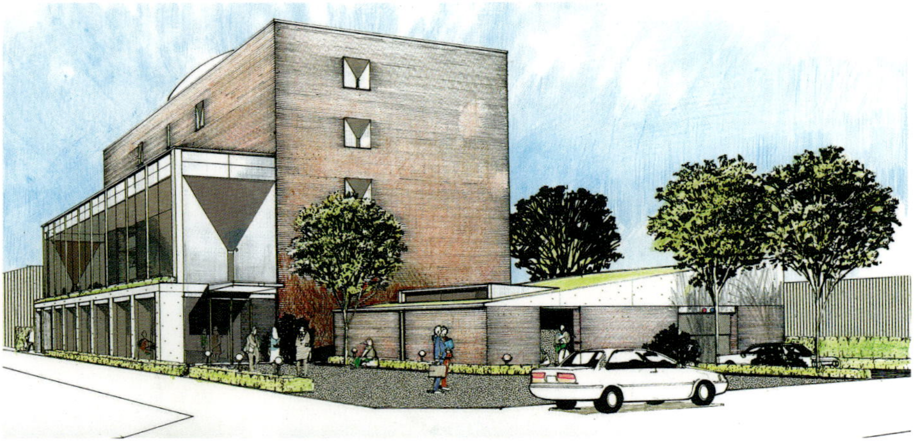

03 実践パース・点取りの方法

本章では、まず模型をつくり、それを眺めて透視図法の基本である消点の存在を知ることからはじめる。次に、点・線・面・立体が「スクリーンに映る像」をイメージしパースにする手順を解説する。
作図法は多く存在するが、ここではきわめて実践的な「二消点パースを一つの消点で描く作図法」を紹介する。二消点パースに重点を置いているのは、これを理解すれば自ずと一消点パースも描くことができるからだ。さらに「分割と増殖」の方法を理解したうえで、実際にパースの作図を行ってみよう。

パースの仕組みを理解するために

模型をつくってみよう

まずはじめに、白と黒のスチレンボードを使って模型をつくり、ヴォリュームを把握してみよう。そして、目の高さを変えてあらゆる方向から片目で見てみる。ここで消点（VP）[*1]がどこにあるか、確認してほしい。

また、視点を変えてみるだけでなく、模型自体も天地を逆にしてみたり、接地面を変えたりしてみよう。そうすると、同じ模型でも印象が違って新鮮に見え、新しい発見があるはずだ。

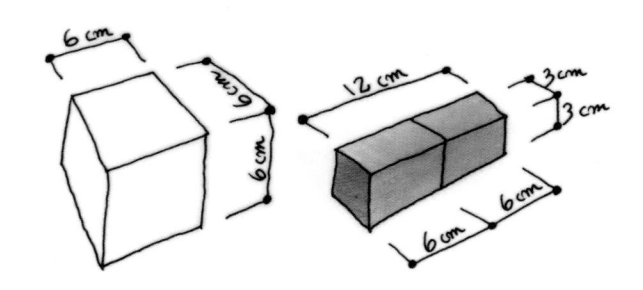

> [*1] 消点（Vanishing Point）とは透視投影する際に画面と平行でないパースラインが透視画面上で交わる点のことをいう。通常、一つの直方体を真正面から見た場合、一消点となり、斜めから見た場合、二消点となる。

●──模型はこう見よう／純粋立体からの創造

1__消点を確認する
視点を変えて消点の変化を見る。スケッチすると、さらに理解が深まる。

2__ベストアングルを探す
模型が格好よく見える、あるいはかたちのわかりやすいアングルを探す。

3__模型からイメージをジャンプする
純粋立体からイメージを膨らませ、別のものに見立てる（立体のブリコラージュ）。ものの異化。

●──白と黒のスチレンボードでつくった三つの立体を利用して相貫体をつくる

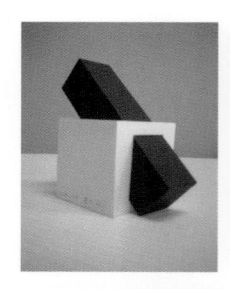

A__二つの立体を相貫させる

B__三つの立体を相貫させる

C__三つの立体を相貫させて上から眺める

D__三つの立体の相貫。視点を変えてベストアングルを探す

模型をスケッチしよう

完成した模型からベストアングルを見つけ、消点を意識しながらスケッチをしてみよう。
模型の縮尺を1/100に想定すると2階建てに、1/200なら4階建ての建物になる。さらに、1/1ならプロダクトデザインの世界にまで発展させることもできる。
一つのかたちがスケールを変えたり、見方を変えるだけで違うものに変化する。イメージがジャンプするほど面白い。

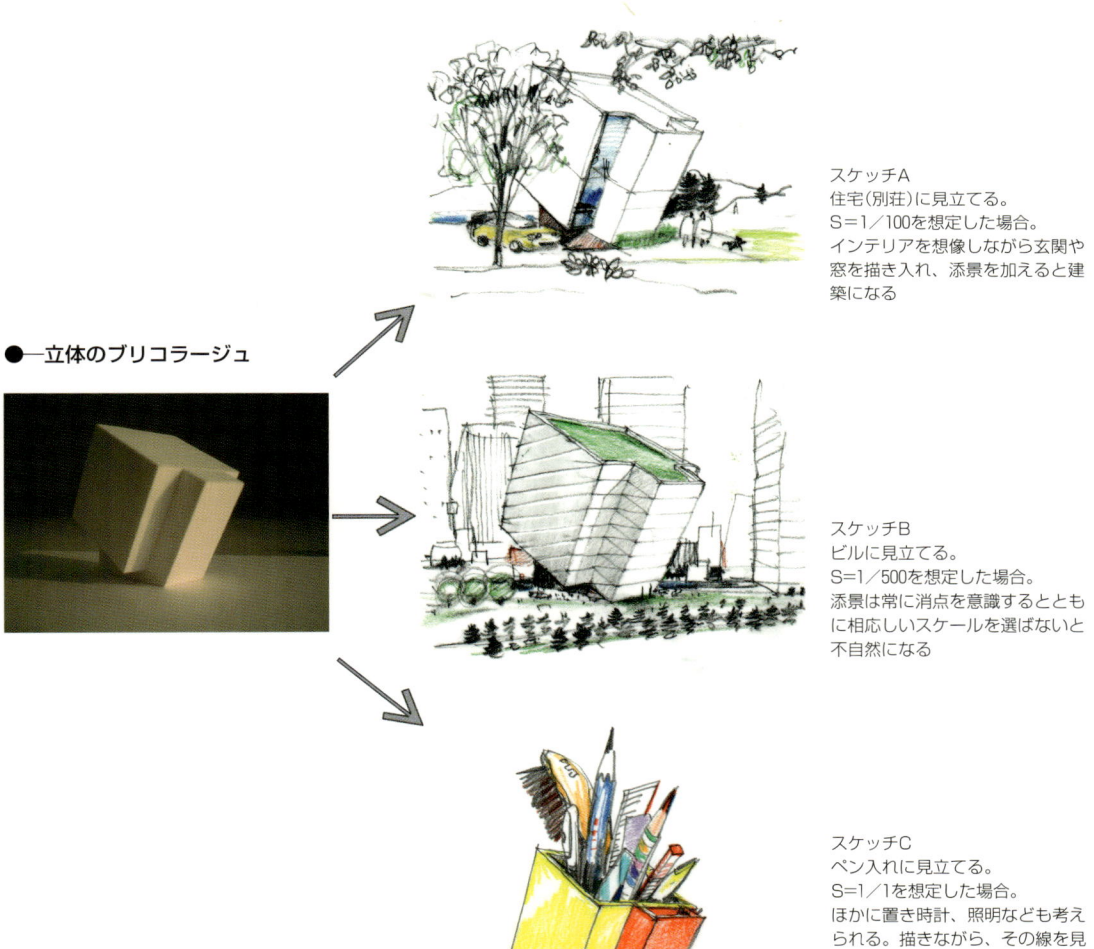

●──立体のブリコラージュ

スケッチA
住宅(別荘)に見立てる。
S=1/100を想定した場合。
インテリアを想像しながら玄関や窓を描き入れ、添景を加えると建築になる

スケッチB
ビルに見立てる。
S=1/500を想定した場合。
添景は常に消点を意識するとともに相応しいスケールを選ばないと不自然になる

スケッチC
ペン入れに見立てる。
S=1/1を想定した場合。
ほかに置き時計、照明なども考えられる。描きながら、その線を見ていると、また別のイメージが湧く。イメージの連鎖がはじまると、手が第二の脳として自然に動きはじめる

パースの仕組みを理解するために

立体をどう見るか

立体は面で構成され、面は線で、線は点から成り立っている。
したがって、空間上の点をパース画面上で求めることができれば、立体を特定できることになる。まず、立体を点、線、面に分解して見てみよう。

下図のように、立体を点の集合ととらえた場合、八つの点を求めることができれば、パースを描くことができるし、線の集合ととらえた場合は、4本の線が描ければよいことになる。同様に面の集合ととらえた場合は、2面を求めればよい。

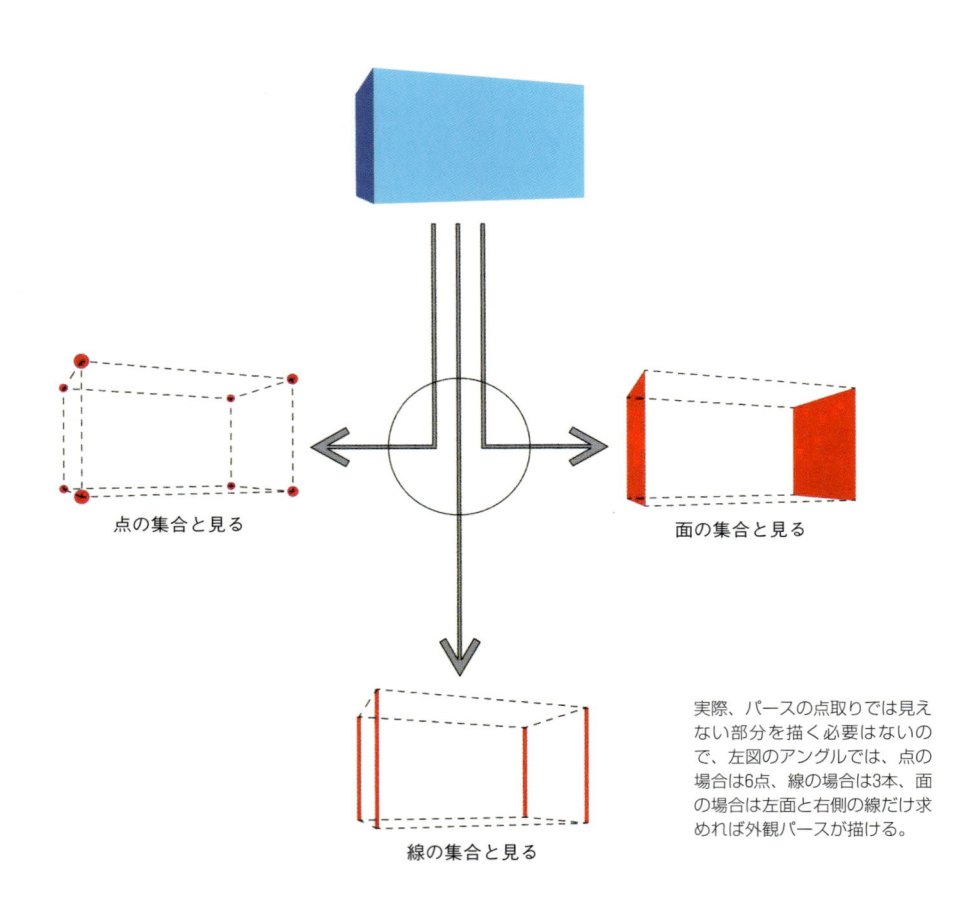

点の集合と見る

面の集合と見る

線の集合と見る

実際、パースの点取りでは見えない部分を描く必要はないので、左図のアングルでは、点の場合は6点、線の場合は3本、面の場合は左面と右側の線だけ求めれば外観パースが描ける。

●図法の種類

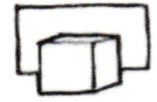

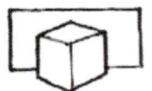

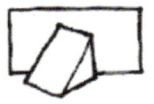

1_平行透視図法（一消点法）
本体と図面が平行。

2_有角透視図法（二消点法）
本体と画面が角度をもつ。

3_その他（消点のない立体図法）
3方向に実長で描く（アイソメなど）。

パースのアングル

パースを作図する際に最も重要なのは、アングル決めである。視点の決め方で建物の見え方が決まってしまう。ベストアングルを探すためには、
1＿ヴォリューム模型から探る場合
2＿パソコン上で3次元CADを利用する場合
3＿経験と勘に頼る場合
がある。アングル決めはパースの生命線である。常日頃から平面の段階で3次元の空間をイメージする訓練を重ね、それを図法に則って正確に描いたパースと比べてみることが大切である。

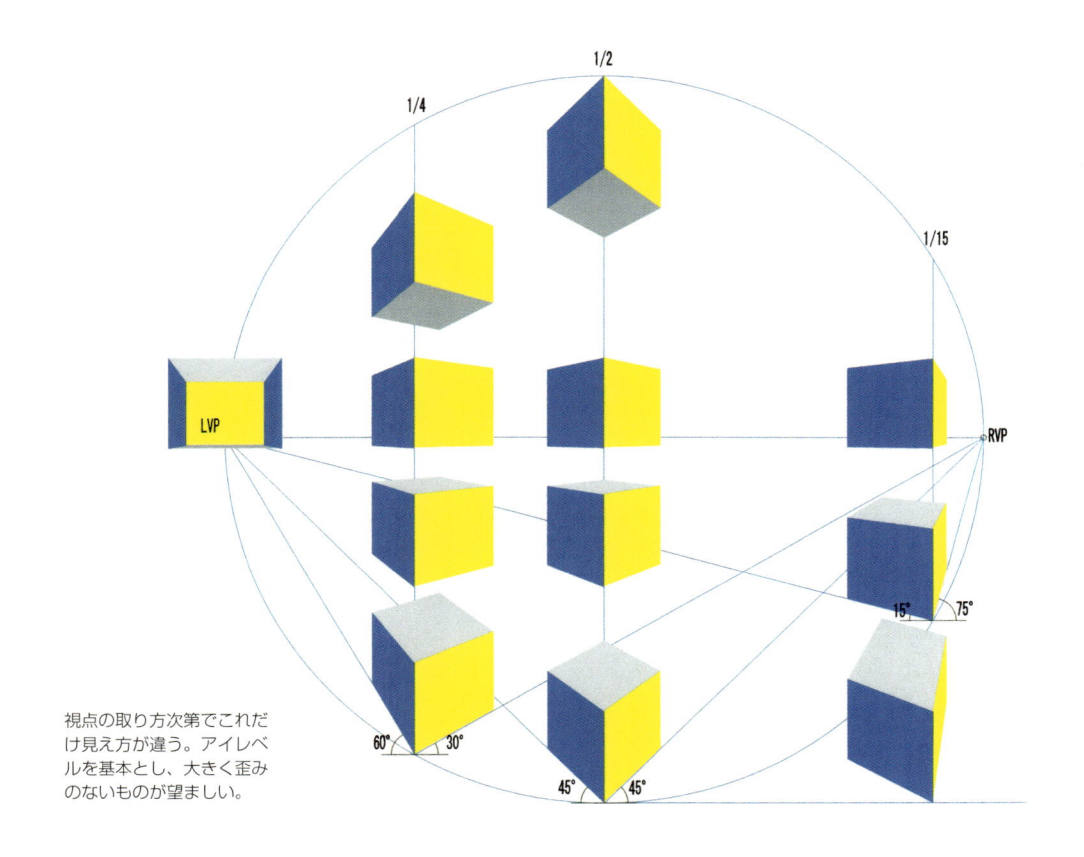

視点の取り方次第でこれだけ見え方が違う。アイレベルを基本とし、大きく歪みのないものが望ましい。

● 視点の高さ

外観パース ・H＝1,500mm　立っている状態
　　　　　・鳥瞰　　　　　建物を見下ろした状態
内観パース ・H＝1,500mm　立っている状態（洋室）
　　　　　・H＝1,200mm　椅子に腰かけた状態（洋室）
　　　　　・H＝ 900mm　正座（和室）
　　　　　・H＝ 700mm　あぐら（和室）

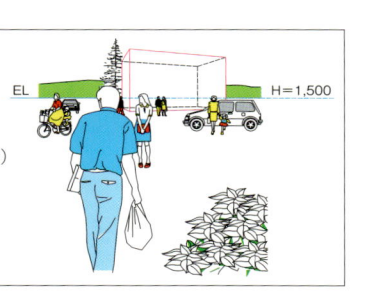

実際に作図してみよう

点の作図／空中の風船を描く

「立体は点の集合体」と考えよう。つまり、空間上の点が特定できれば、その点どうしを結んでどんな立体でも描ける。ここではAからDの手順を追いながら、空間上の点の作図法を解説する。

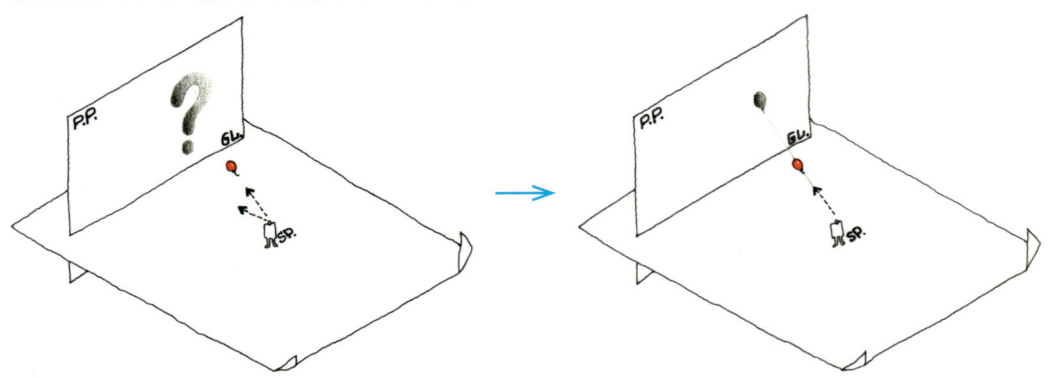

A 赤い風船がどんなふうにスクリーンに映るのだろう？

B たぶん、こんな感じ（予想を立てる）。SP（視点）と風船を結んだ線の延長線上のスクリーンに像は映るだろう。

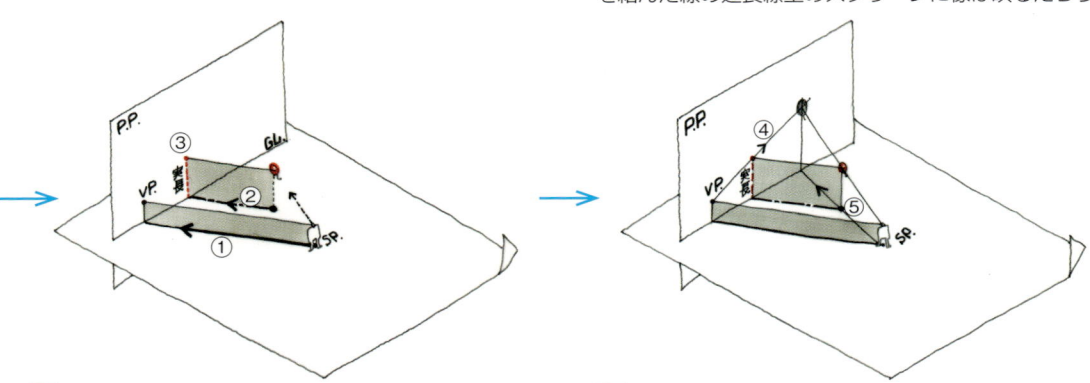

C 具体的に作図し、しくみを理解しよう。SP（視点）を通る線（角度は任意）を引き、PP（画面）上に目の高さを取ると、その点がVP（消点）となる（①）。次に、実長（③：実際の高さ）もPP上に移す（②）ために、①と平行にスライドさせる。

D PP（画面）上でVP（消点）から実長（実際の高さ）へパースライン（④）を伸ばし、SP（視点）から見てPPに映る点を求める（⑤）。

●──A〜Dをまとめると

PP（画面）上のことを、人が立っている平面上で作図すると右図のようになる。ポイントは、実長（実際の高さ）の取り方。VP（消点）を得るための線（①）と実長を取るために①と平行に引いた線（②：ML）上に実長を取ればよい。あとは、VPから実長（③）に向かってパースライン（④）を引き、投影線（⑤）との交点が求める風船の位置となる。

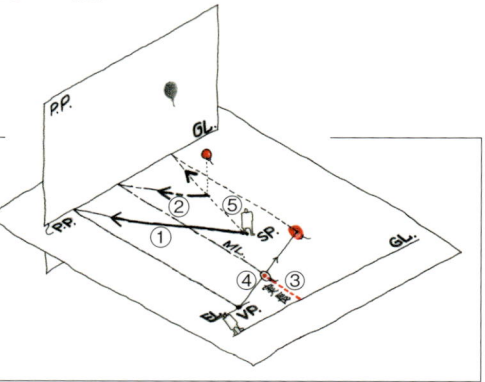

●―空間上の「点」を求める

左ページの立体イラストを平面上に置き換えて、さらに詳しい作図手順を以下に記す。

Ⅰ＿VP（消点）を求める：SP（視点）を通る任意の線とPP（画面）との交点から垂線を下ろし（①）、EL（目の高さ）との交点VPL（左消点）を得る。

Ⅱ＿F（風船）の高さをPP（画面）上に移す：F（風船）の実長（実際の高さ）を求めるために、Fを通り、①と平行な線がPP（画面）と交わった点から垂線を引く（②）。この線をML（測線）という。

Ⅲ＿ML（測線）上に実長（実際の高さ）を取る：GL（地盤面）を基点にF（風船）の高さをML（測線）上に取る（③）。この点をF'とする。

Ⅳ＿VPL（左消点）からパースラインを伸ばす：VPL（左消点）からML（測線）上に取った点F'を通る線（パースライン）を引く（④）。

Ⅴ＿PP（画面）に映るF（風船）の位置を求める：SP（視点）からF（風船）を通り、その延長線がPP（画面）と交わる点から垂線を下ろす（⑤：この線を仮に「投影線」と呼ぶことにする）。

Ⅵ＿④と⑤の交点を求める：④のパースラインと⑤の投影線の交点F"がパースとして求めるべきPP（画面）に投影された風船である。

凡例
ML（Measure Line）：測線
PP（Picture Plane）：画面
SP（Standing Point）：視点
EL（Eye Level）：目の高さ
VP（Vanishing Point）：消点
GL（Ground Level）：地盤面
PLAN：平面図
SECTION：断面図
ELEVATION：立面図

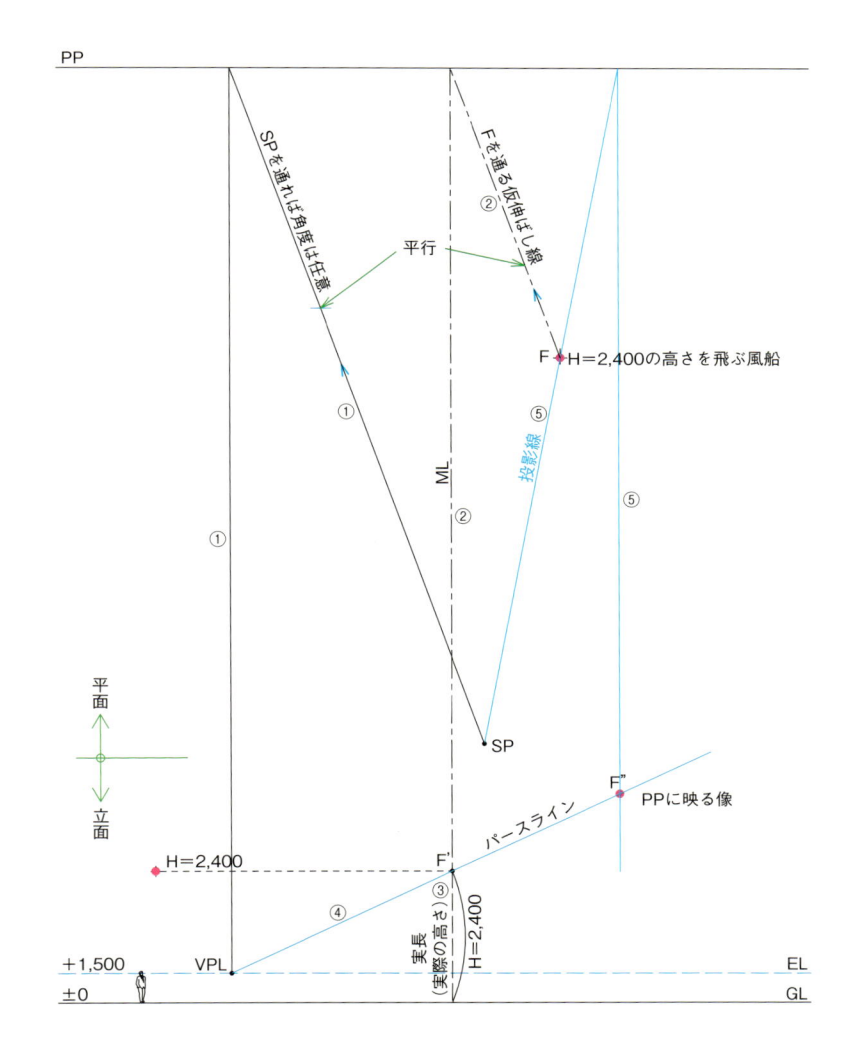

線の作図／電柱を描く

点が描ければ線も同様である。平面的に同じ位置で高さの違う点F1と点F2が上下にあると考えればよい。ここではAからDの手順を追いながら、空間上の線の作図法を解説する。

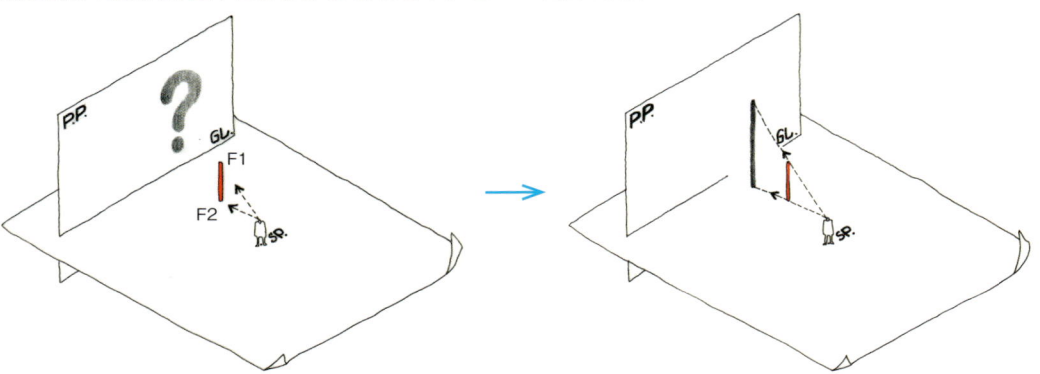

A 赤い電柱がどんなふうにスクリーンに映るのだろう？

B たぶん、こんな感じ（予想を立てる）。

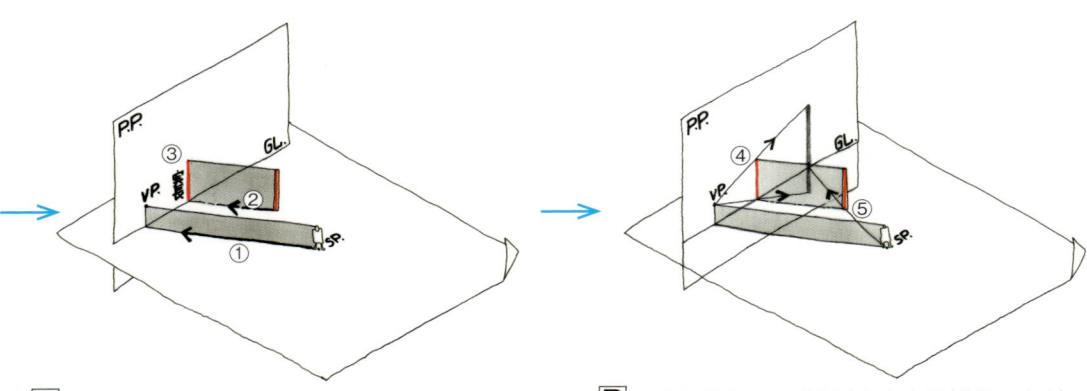

C 具体的にパースを起こしてみよう。SP（視点）を通る線（角度は任意）を引き、PP（画面）上に目の高さを取ると、その点がVP（消点）となる（①）。次に、実長（③：実際の高さ）もPP上に移す（②）ために、①と平行にスライドさせる。

D PP（画面）上でVP（消点）から実長（実際の高さ）へパースライン（④）を伸ばし、SP（視点）から見てPPに映る点を求める（⑤）。

● A〜Dをまとめると

PP（画面）上のことを、人が立っている平面上で作図すると右図のようになる。点F2のパースラインが増えたことだけ確認してほしい。

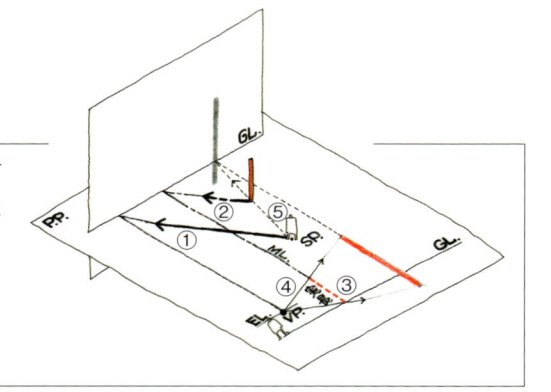

03 実践パース・点取りの方法

●──空間上の「線」を求める（柱の描き方）

左ページの立体イラストを平面上に置き換えて、さらに詳しい作図手順を以下に記す。

Ⅰ＿VP（消点）を求める：SP（視点）を通る任意の線とPP（画面）との交点から垂線を下ろし（①）、EL（目の高さ）との交点VPL（左消点）を得る。

Ⅱ＿F（柱）の高さをPP（画面）上に移す：F（柱）の実際の高さ（実長）を求めるために、Fを通り、①と平行な線がPP（画面）と交わった点から垂線を引く（②）。この線をML（測線）という。

Ⅲ＿ML（測線）上に実長（実際の高さ）を取る：GL（地盤面）を基点にF1-F2（柱）の高さをML（測線）上に取る（③）。

Ⅳ＿VPL（左消点）からパースラインを伸ばす：VPL（左消点）からF1およびF2を通る線（パースライン）を引く（④）。

Ⅴ＿PP（画面）に映るF（柱）の位置を求める：SP（視点）からF（柱）を通り、その延長線がPP（画面）と交わる点から垂線を下ろす（⑤：この線を仮に「投影線」と呼ぶことにする）。

Ⅵ＿④と⑤の交点を求める：④のパースラインと⑤の投影線の交点であるF1'、F2'がパースとして求めるべきPP（画面）に投影された柱である。

凡例
ML（Measure Line）：測線
PP（Picture Plane）：画面
SP（Standing Point）：視点
EL（Eye Level）：目の高さ
VP（Vanishing Point）：消点
GL（Ground Level）：地盤面
PLAN：平面図
SECTION：断面図
ELEVATION：立面図

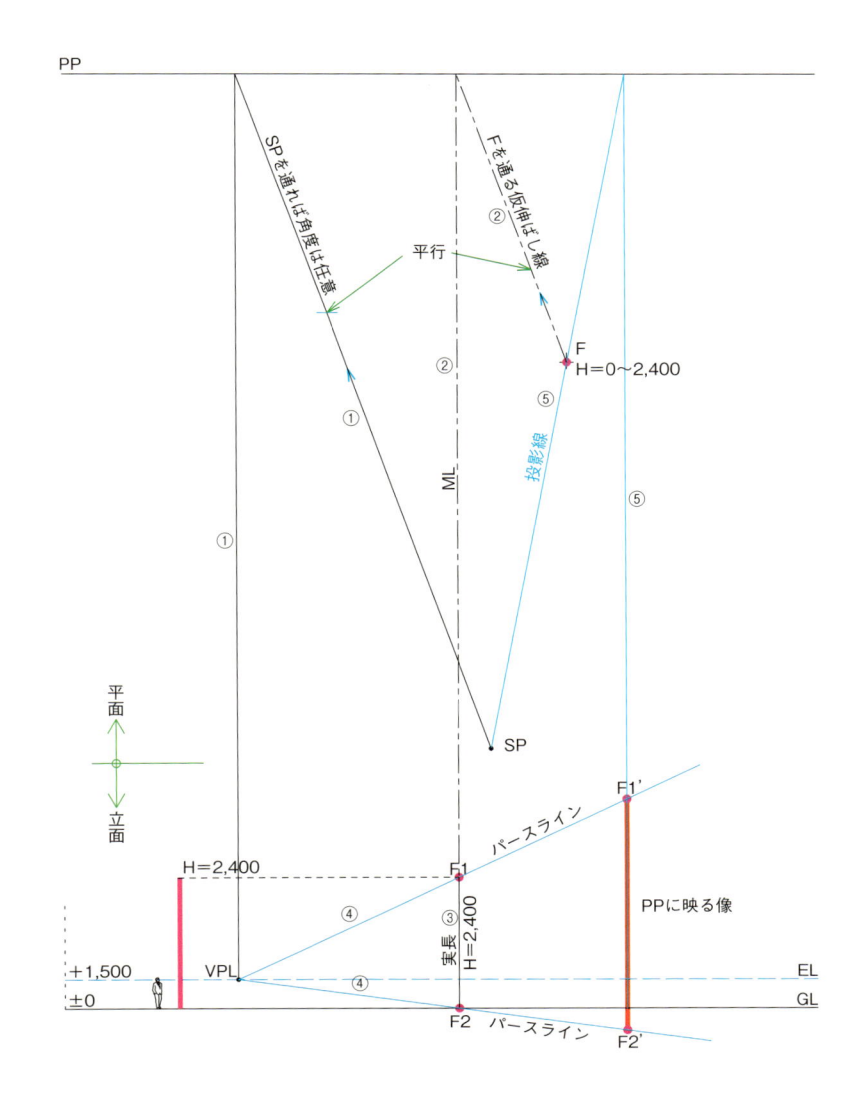

面の作図／壁を描く

「線の集合が面」ではあるが、電柱2本を作図して頭の点どうし、足下の点どうしをつなぐと面ができると考えたほうがわかりやすい。ここではAからDまでの手順を追いながら、空間上の面の作図法を解読する。

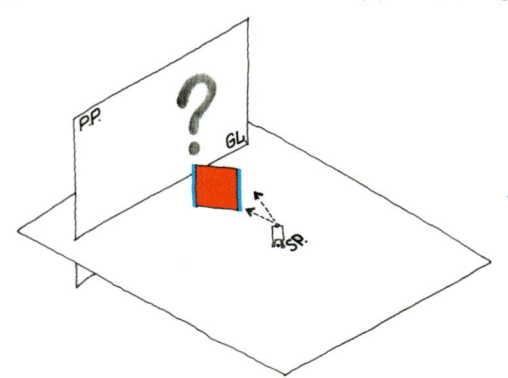

A 赤い壁がどんなふうにスクリーンに映るのだろう？

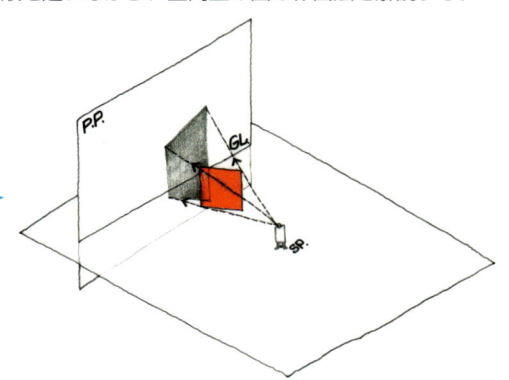

B たぶん、こんな感じ（予想を立てる）。

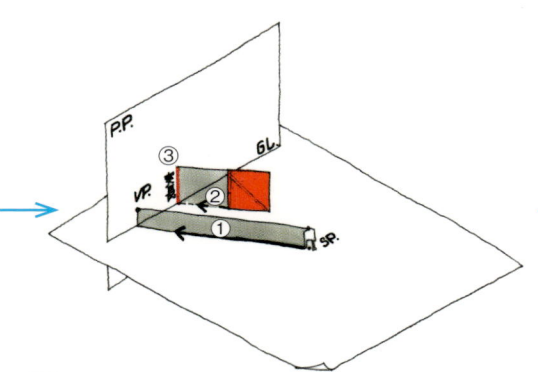

C 具体的にパースを起こしてみよう。SP（視点）を通る線（角度は任意）を引き、PP（画面）上に目の高さを取ると、その点がVP（消点）となる（①）。次に、実長（③：実際の高さ）もPP上に移す（②）ために、①と平行にスライドさせる。

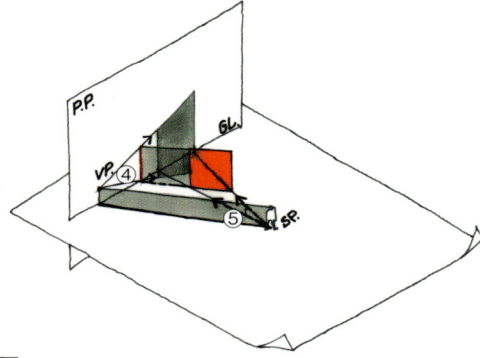

D PP（画面）上でVP（消点）から実長（実際の高さ）へパースライン（④）を伸ばし、SP（視点）から見てPPに映る点を求める（⑤）。

● A～Dをまとめると

PP（画面）上のことを、人が立っている同一平面上で作図すると右図のようになる。
壁は高さが同じ2本の柱で構成されており、したがって2本の柱が作図できれば、結果として壁が描けることになる。

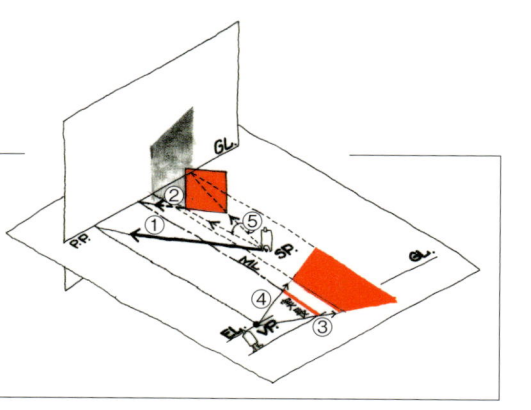

●―空間上の「面」を求める（1本の柱の描き方を応用）

左ページの立体イラストの考え方を下図のような平面上に置き換え、新しく壁ABを設定し、詳しい作図手順を以下に記す。

つまり、「線の作図」の要領でA、B2本の柱を作図し、それぞれをつなぐと壁ができると考える。

I__VP（消点）を求める：SP（視点）を通る任意の線とPP（画面）との交点から垂線を下ろし、EL（目の高さ）との交点VPL（左消点）を得る（①）。

II__F（柱）の高さをPP（画面）上に移す：2本の柱の実際の高さ（実長）を求めるために、AおよびBを通り①と平行な線がPPと交わった点から垂線を引く（②）。この線をそれぞれMLa、MLb（測線）という。

III__ML（測線）上に実長を取る：GL（地盤面）を基点に実長AおよびBを示す点A1、A2およびB1、B2をML（測線）上に取る（③）。

IV__VPL（左消点）からパースラインを伸ばす：VPL（左消点）から点A1、A2およびB1、B2を通る線（パースライン）を引く（④）。

V__PP(画面)に映るF(壁)の位置を求める：SP（視点）からAおよびBを通り、その延長線がPP（画面）と交わる点から垂線を下ろす（⑤：この線を仮に「投影線」と呼ぶことにする）。

VI__④と⑤の交点を求める：④のパースラインと⑤の投影線の交点であるA1'、A2'、B1'、B2'の4点を結ぶと、できた台形がパースとして求めるべきPP（画面）に投影された壁である。

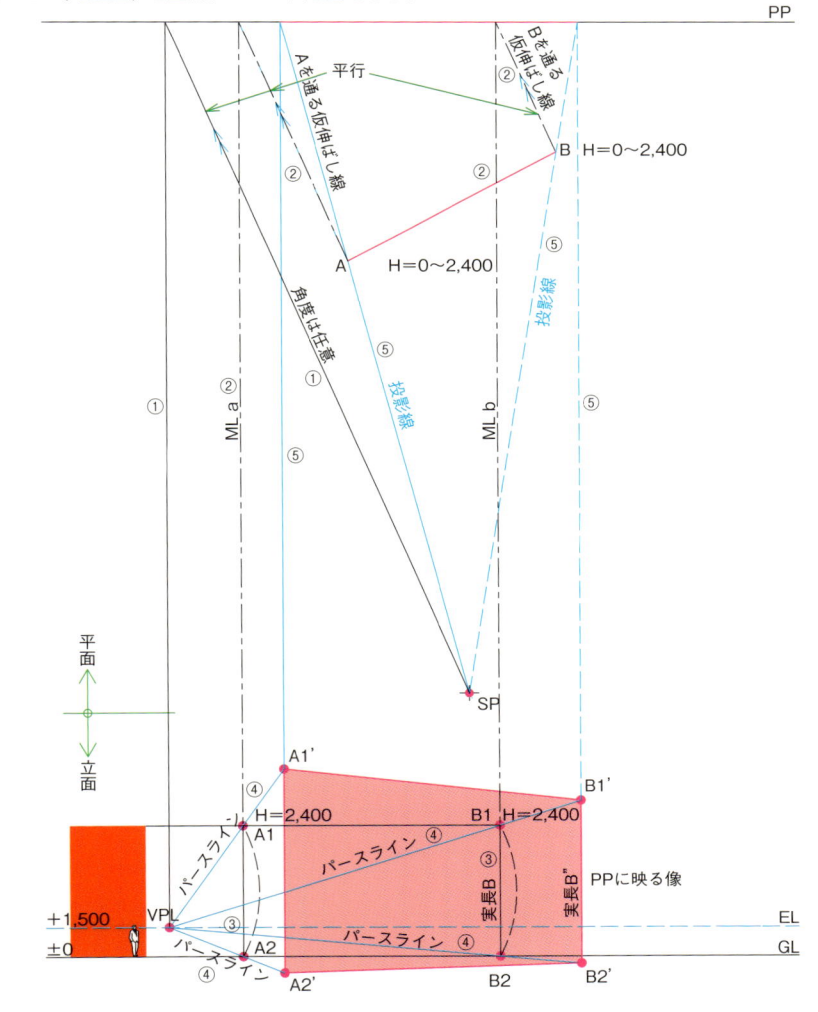

凡例
ML（Measure Line）：測線
PP（Picture Plane）：画面
SP（Standing Point）：視点
EL（Eye Level）：目の高さ
VP（Vanishing Point）：消点
GL（Ground Level）：地盤面
PLAN：平面図
SECTION：断面図
ELEVATION：立面図

実際に作図してみよう

立体の作図／点・線・面の集合

ここでは、立体の点取りの手順を解説する。要領は今までの方法とまったく同様である。01〜06に従って、実際に自分の手を動かして確認してほしい。また、最後の07で01〜06を1枚に集大成しているので、まとめとして活用してほしい。この方法は、二消点パースを二つの消点を使わず一つの消点のみで起こす実践的方法だ。

01 立体をセットしSP（視点）を決める

立体の位置とSP（視点）の位置を設定する。立体のPP（画面）との角度は、図のように15°〜30°が目安。起こしすぎても、寝かしすぎても、パースにしたとき、正面と側面のメリハリがなくなる。SPを決めるには、立体のほぼ重心をねらいながら、60°の視野に入るようにする。平面方向だけでなく、高さ方向の視野についても同様である。

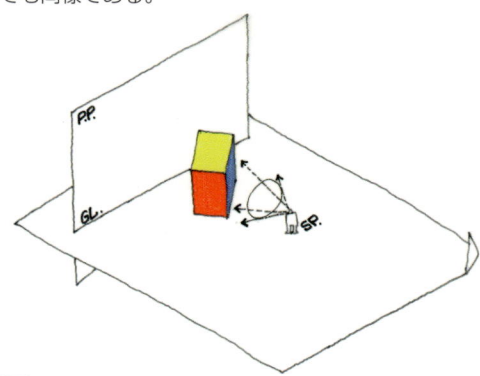

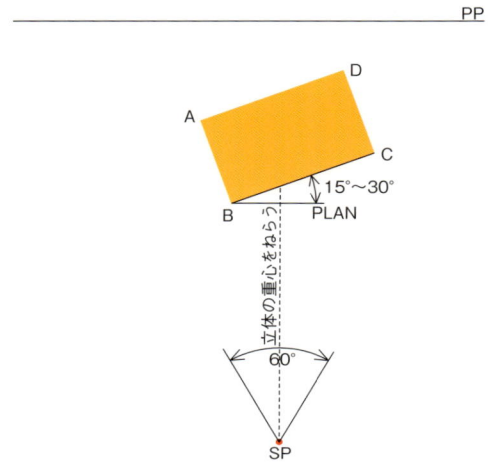

☆1：不自然な歪みをなくすため視界60°以内に立体が納まる位置にSP（視点）を決める。高さ方向も同様。
☆2：PP（画面）と平行な場合、一消点パース（平行透視図）となり、この場合のように、角度がつくと、二消点パース（有角透視図）になる。

02 作図の準備をする

紙の上部に平面図がセットできれば、次は右図のように下部に立面図（または断面図）を作図しておく。パースが描かれる分を想定して、じゃまにならないところがよい。そしてEL（目の高さ：H=1,500mm）を入れ、作図の準備が完了する。

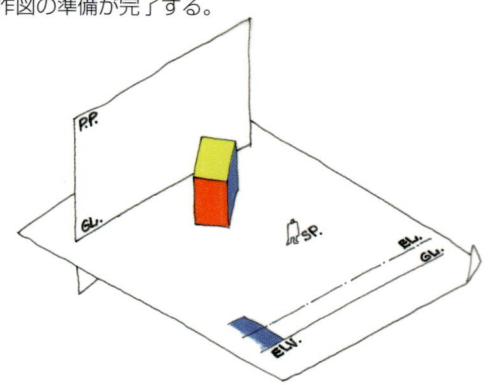

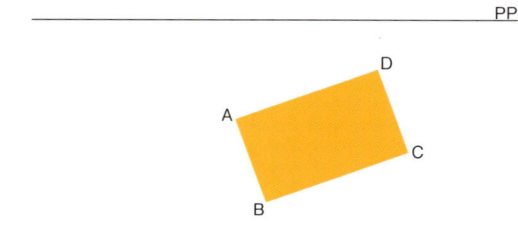

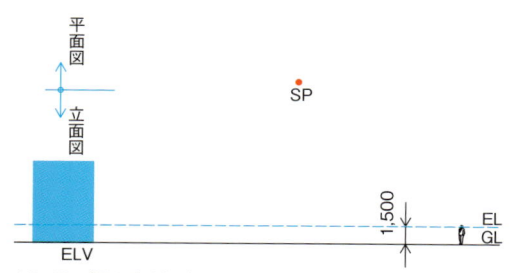

☆3：EL（目の高さ）を、H=1,500にすると、添景で人物を描き込む際、目の位置は同じにし、目から下の胴体の長さを変えるだけで奥行きが出る。

03 実践パース・点取りの方法

03 VP（消点）を求める

さていよいよ作図を開始する。SP（視点）を通る、側面の線A-Bに平行な線（VP線）を引き、PP（画面）との交点から垂線を下ろす。その垂線とEL（目の高さ）との交点が求めるVP（消点）である（①）。

次に、A-Bを延長した線（仮伸ばし線）を引く（②）。

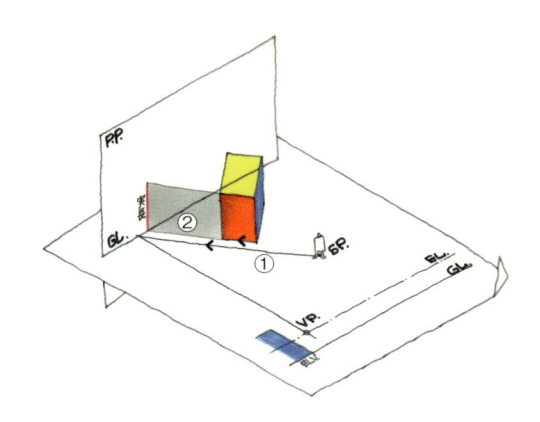

紙から出てしまうVPR（右消点）は使わずに作図する。二消点パース（有角透視図）を一消点で描く

04 ML（測線）上に実長（実際の高さ）を取る

左側面A-Bのパースを描くためには、実長（実際の高さ）をPP（画面）上に移す必要がある。②の「仮伸ばし線」とPPとの交点がまさに実長の現れるところであり、その点から下ろした垂線（ML：測線）上に実長（③）を取ることができる。

ML上に実長を取り、VP（消点）からその実長の両端の点に向かってパースラインを引く。次に、SP（視点）から点A、Bに向かって線を伸ばし（⑤：投影線）、PPとの交点から垂線を下ろせば、パースライン（④）との交点（A1'、A2'、B1'、B2'）が求められる。

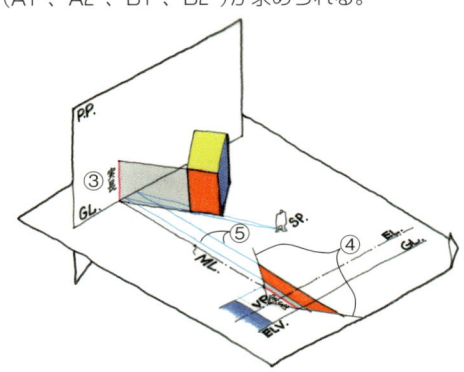

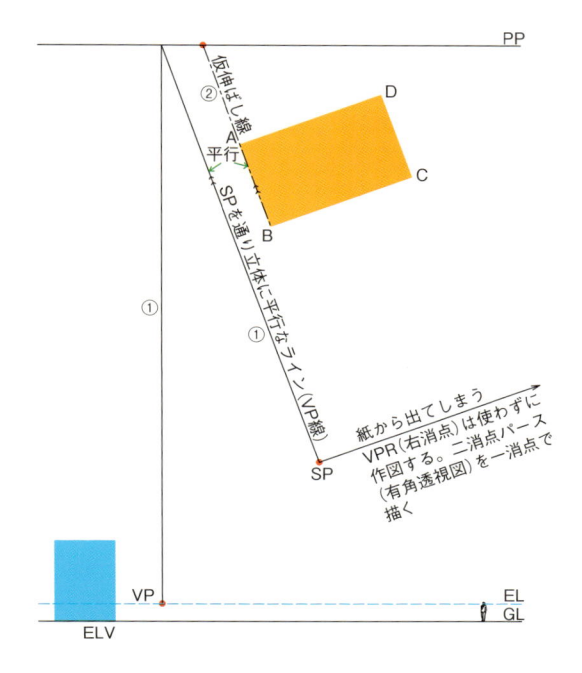

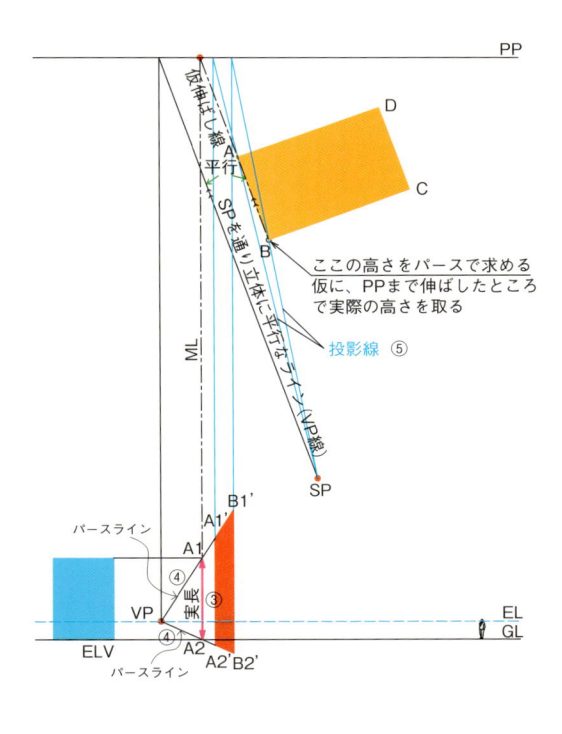

ここの高さをパースで求める
仮に、PPまで伸ばしたところで実際の高さを取る

05 線C1'-C2'を作図する

04と同様に右側面の線C-Dを求める。仮伸ばし線（②'）はVP線（VP〈消点〉を求めるときに引いた線）と常に平行になる。見えるのはC1'-C2'だけなのでDの点取りは不要である。「仮伸ばし線」とPP（画面）との交点から下ろした垂線（ML：測線）上に実長（③'：実際の高さ）を取る。VPから実長の両端の点に向かってパースライン（④'）を引く。次に、SP（視点）から点Cに向かって投影線（⑤'）を伸ばし、PPとの交点から垂線を下ろせば、パースラインとの交点C1'およびC2'が求められる。

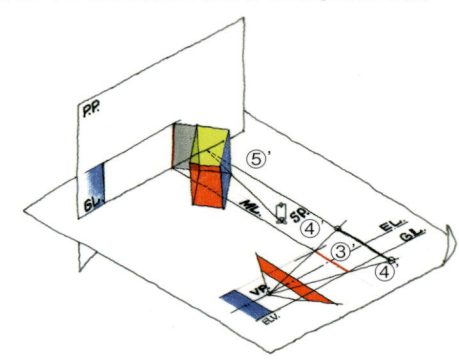

06 線どうしをつないで完成

B1'とC1'、B2'とC2'をつないで右側面が完結し、全体が完成する。ちなみに線B1'-C1'、および線B2'-C2'の延長線上にもう一つのVP（消点）が存在する（VPR）が、このVPRがなくても、立体に近いほうのVP一点だけで二消点パースが描ける。

なお、PP（画面）が立体よりさらに後方にあれば、より大きな像を得ることができる。

また、EL（目の高さ）を屋根面より高く設定し俯瞰して描けば、鳥瞰パースになる。

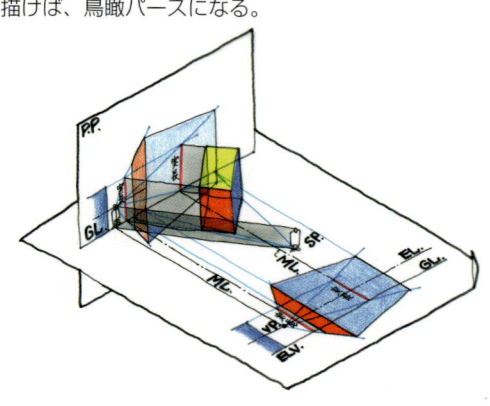

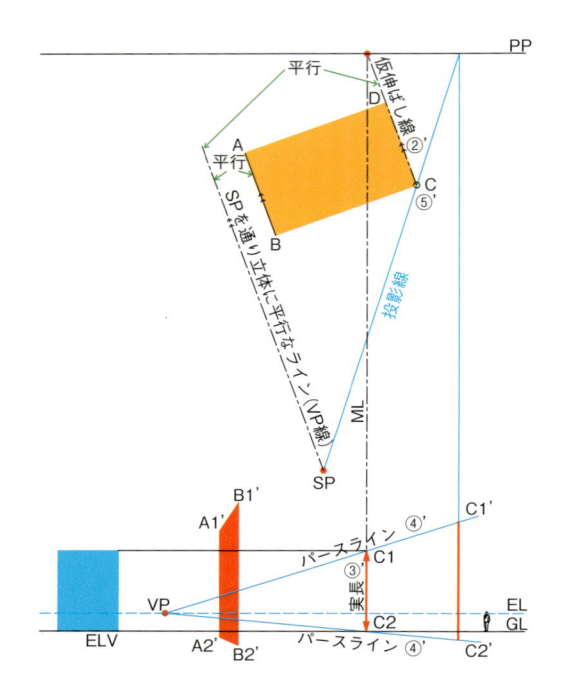

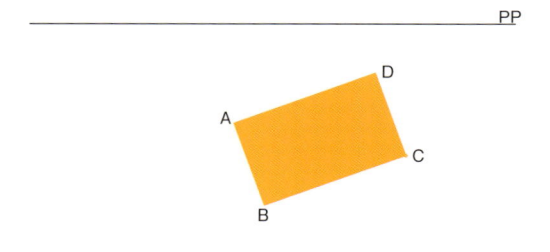

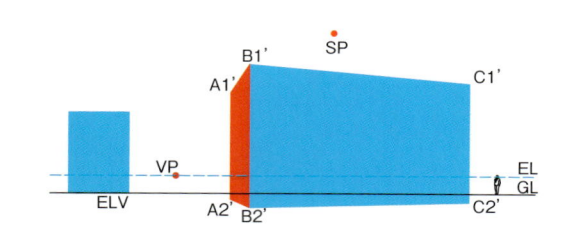

03 実践パース・点取りの方法

07 まとめ

以上 01〜06 をまとめると、下の図になる。ML（測線）の取り方（MLab、MLcd）、実長（実際の高さ）の取り方に注意してほしい。これさえ確実に理解すれば、あとは同じことの繰り返しである。一度にまとめて描こうとしないで、一つ一つ確実に押さえていけば、どんなに複雑なパースでも描ける。

4章「ドローイング集」も基本はすべてこれによっている。

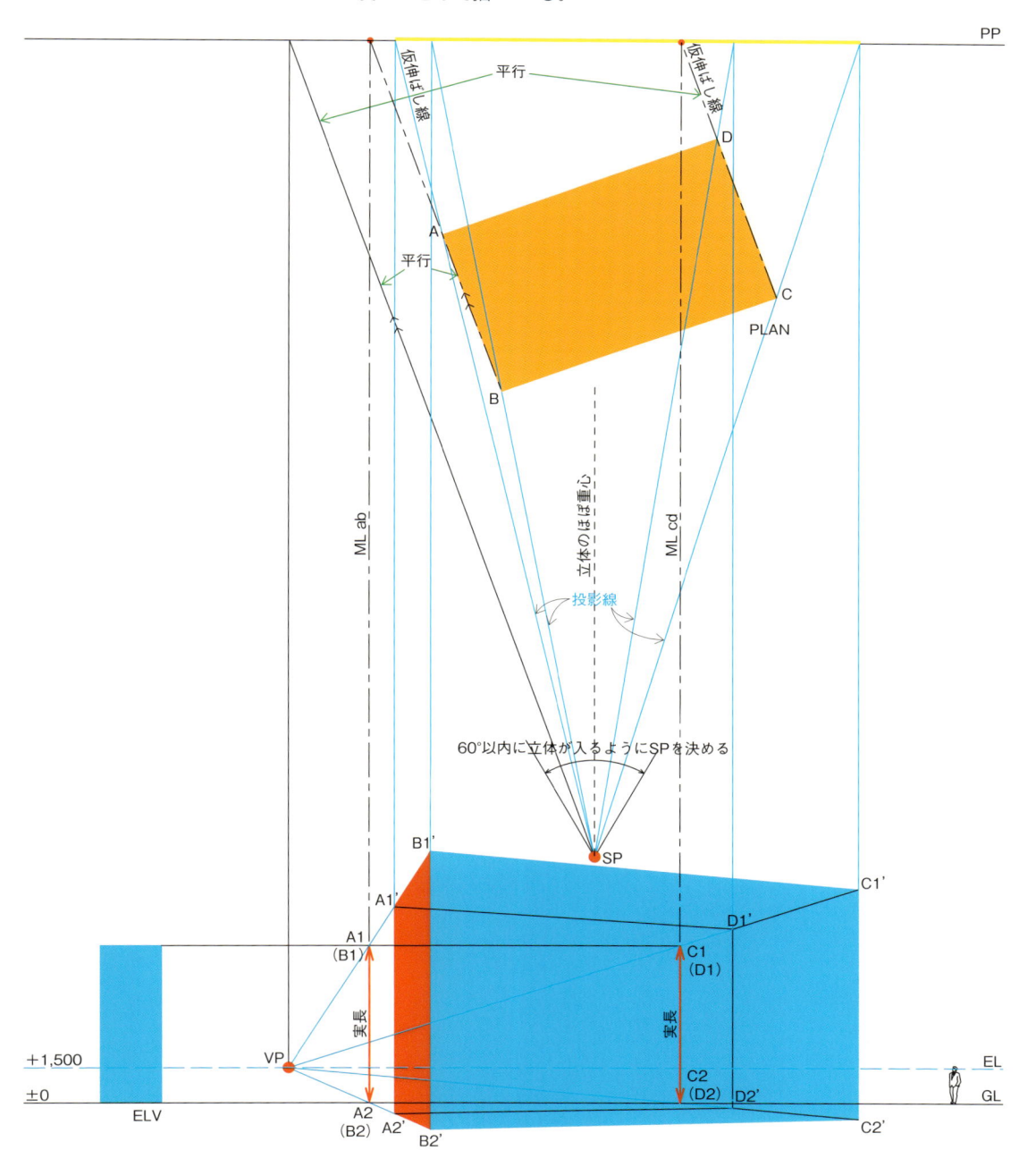

二消点パースを一消点で起こす理由

二消点パースは別名有角透視図という。描く対象が画面（PP）に対して角度をつけて置かれるからであるが、二消点パースを実際に起こすときに問題になるのは、二つの消点（VPR：右消点とVPL：左消点）のうち遠いほうの1点（VPR）が製図板からはみ出してしまうことである（下図参照）。

しかし、この場合VPLだけで作図できれば問題はない。つまり、「二消点パースを一消点で起こす」理由がここにある。この方法を用いれば、限られたスペースに、より大きな像を得ることができる。

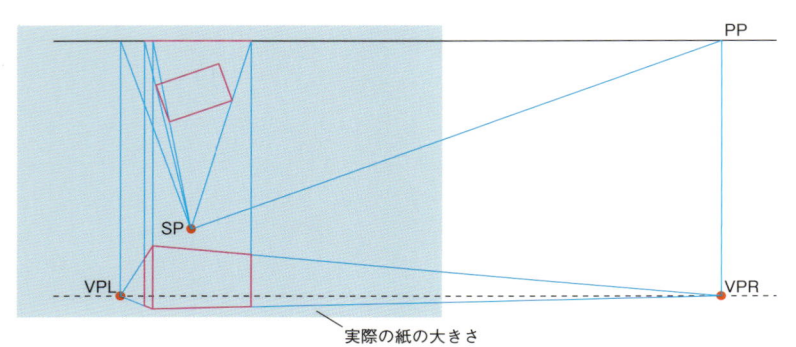

本来のVP2点で作図すると、VPRが紙からはみ出してしまう。そこで、紙の上で完結した点取りを行うには、VPLだけを利用して描く

●一パースの作図はVPLだけで十分

正面と側面のメリハリをつけようとすると、どうしても遠いほうのVP（消点）が使えない。右図のように一つの消点、VPL（左消点）だけで作図すると、紙の大きさを気にせずパースにメリハリつけることが可能だ。

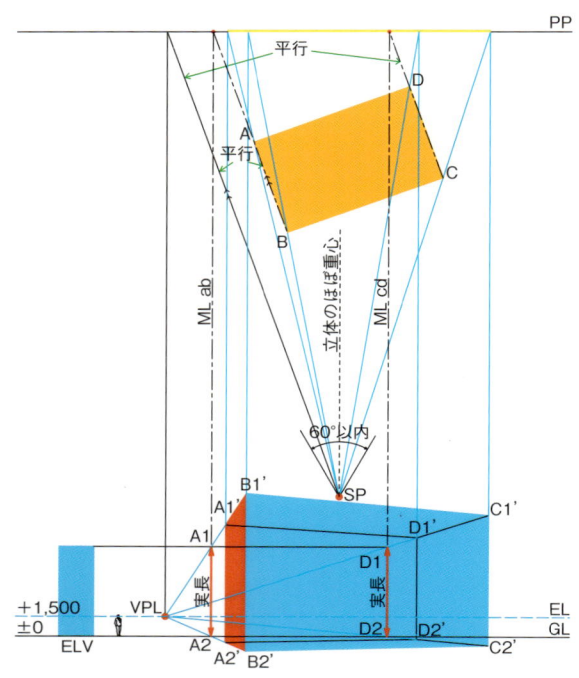

VPL1点のみで作図した例。パースの作図はこれだけである

画面を後方に置く理由

立体より後方に画面を置いた場合（PP1：画面1）と前方に置いた場合（PP2：画面2）の違いは下図のとおりである。同じ像は得られるが、大きさがこれだけ違う。より大きな像がほしければ、PP（画面）をより後方に置くことで、さらに拡大されたパースを得ることができる。ともに作図の手順はまったく同じだ。

いずれも気をつけたいのは実長（実際の高さ）の取り方で、画面は立体と離れているので、PP（画面）上に実長が取れない。そこでPP上まで高さを仮に伸ばす必要がある（黒の1点鎖線＝ML：測線）。

ただし、伸ばす角度はVP（消点）を求めるときに引いた黒の実線と平行であること。あとは、ML（測線）上に高さを取って、VPからパースラインを伸ばすだけである。

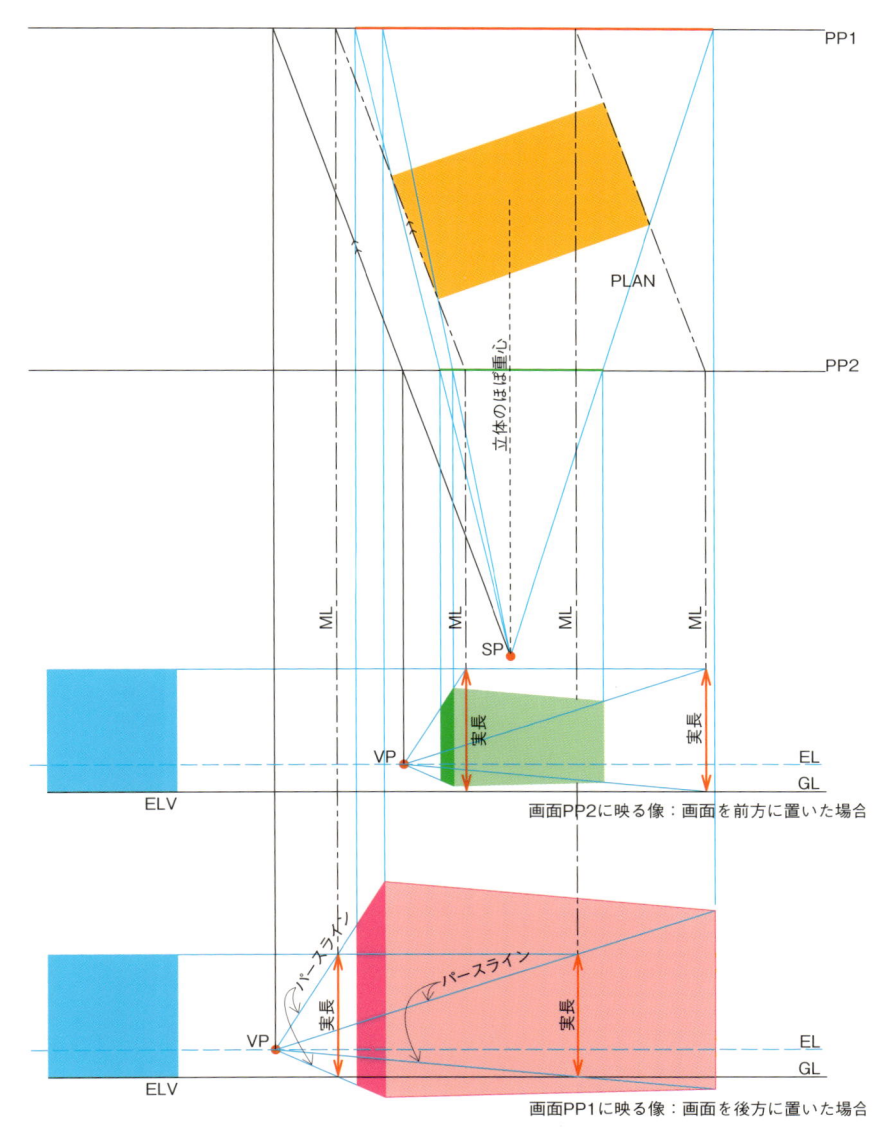

画面PP2に映る像：画面を前方に置いた場合

画面PP1に映る像：画面を後方に置いた場合

外観パースから内観パースへ（二消点の内観パース）

内壁が見えるところまでSP（視点）を移動して描けば、そのまま内観パースになる。作図の要領は、外観パースのときと同様である。注意したいのは、視点の高さを外観のときより低めに設定することである。インテリアなので、椅子式、座式になることが多く、通常の立ったときのEL（目の高さ）、H＝1,500mmが、1,200mm（椅子）、900mm（正座）、700mm（あぐら）と変化することだ。また、天井面の描写があることもインテリアパースの特徴であり、床面より天井面を多く描くことになる。

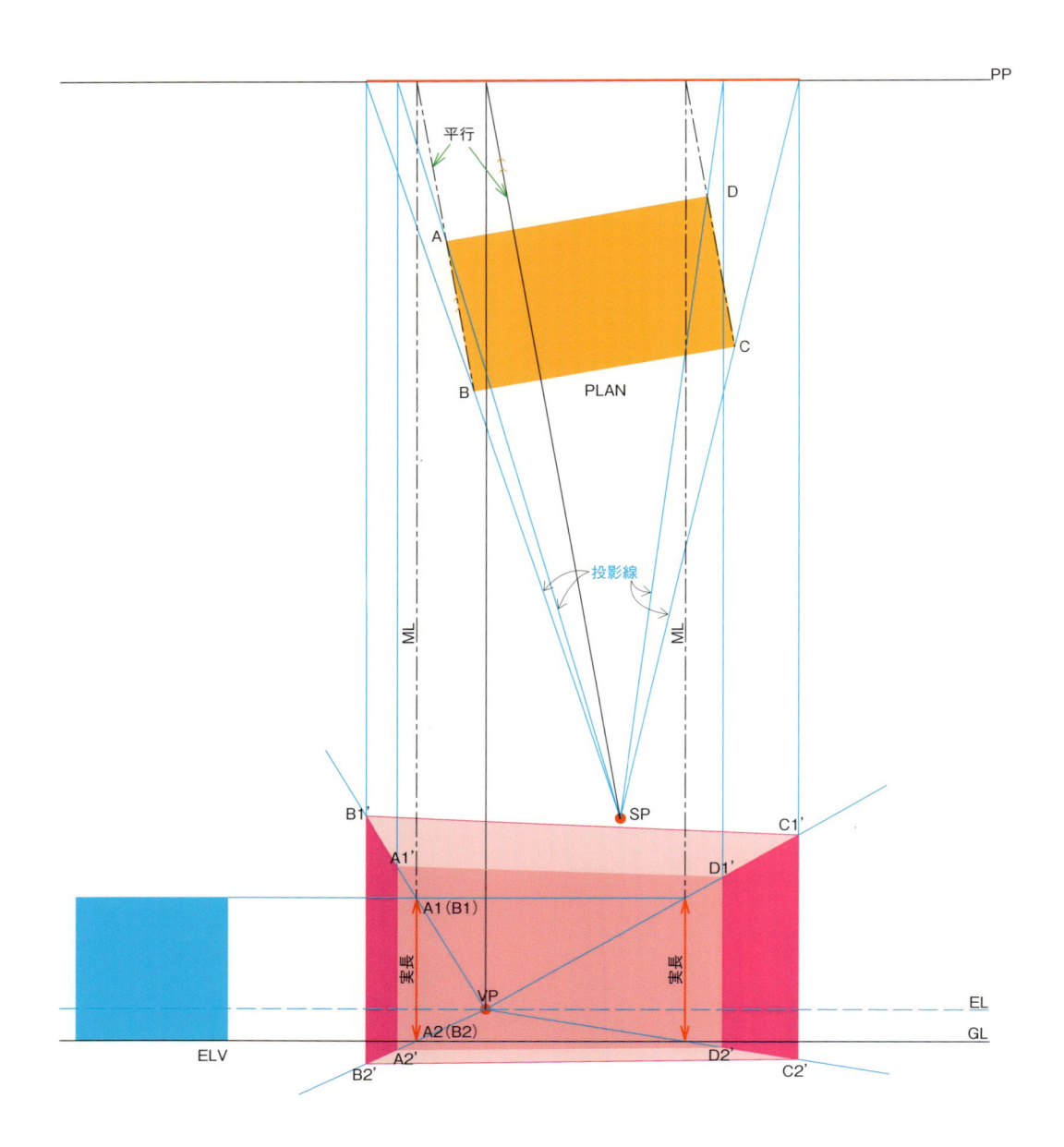

二消点パースから一消点パースへ（一消点の内観パース）

立体をPP（画面）と平行にセットすると一消点パースになる（平行パースともいう）。
また平面を描かずに、展開図から起こすこともある。

そのときは、後述する「増殖と分割」の方法が活用される。一消点パースはインテリアのパースに多く利用される。

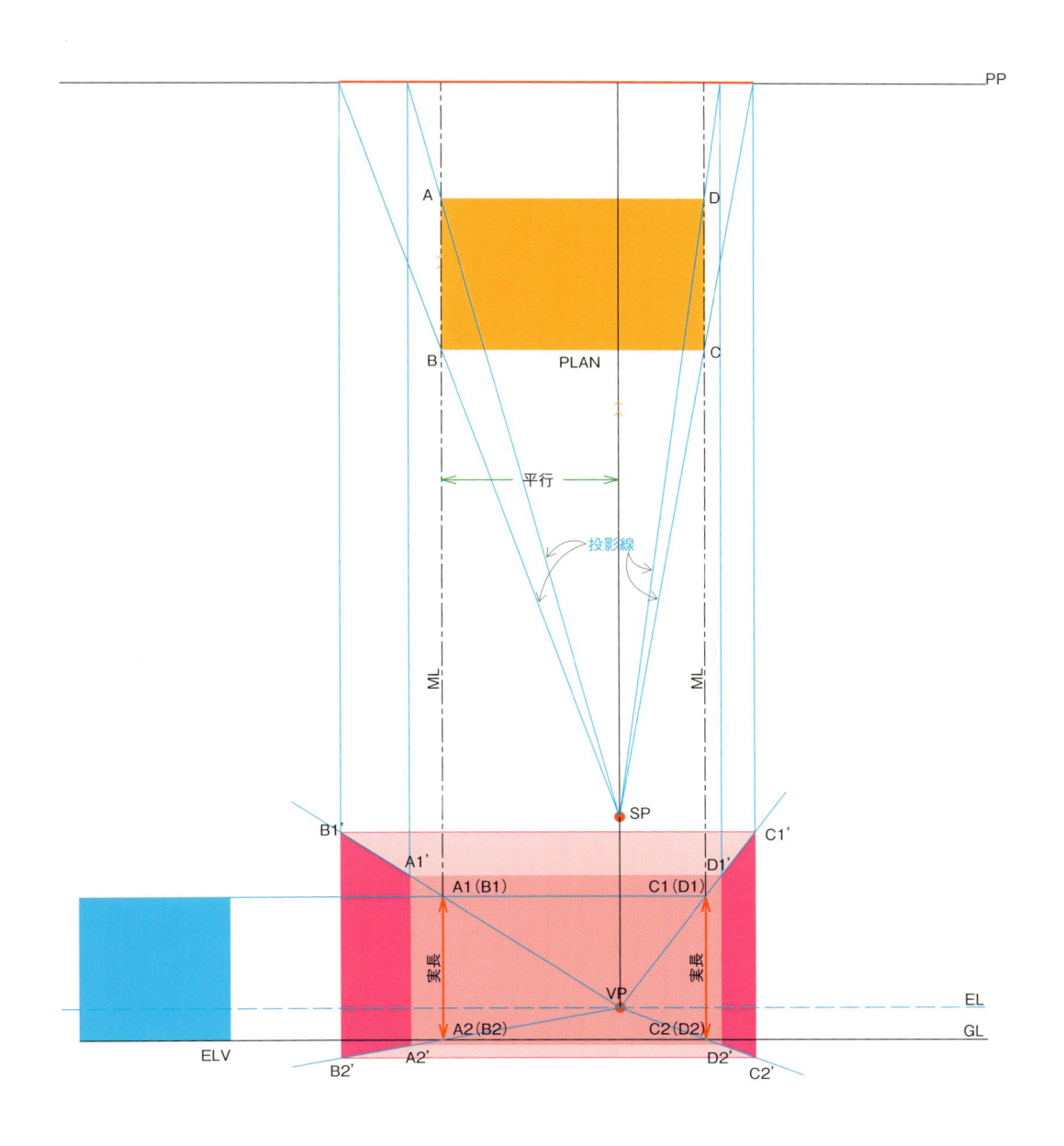

分割と増殖

点取りをしてヴォリュームを作図した後、「分割・増殖」の技法で細部をつくっていくことができる。
いちいち点取りしてパースを起こさなくても、この技法により、むしろ正確なパースが描ける。ここでは「対角線」がキーワード。対角線を使うことで、分割・増殖が可能となる。

●—分割の方法

右図は分割の方法を示している。縦方向に5等分して（青線）、それぞれを結び、対角線との交点を出し、垂線を引くと、パース方向に5分割できる。あるいは、B1'から水平にML（測線）を線B1'-C1'より長めに引き、5目盛分取る。そして、線L-C1'延長上のEL（視線の高さ）との交点Mを使って5分割する方法もある。このMを測点という。

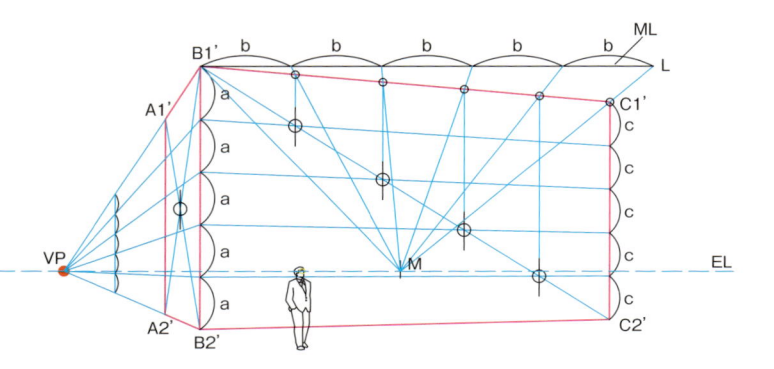

●—増殖の方法

右図は、増殖の方法を示している。縦の2等分線とパースラインおよび対角線を使うことで増殖ができる。

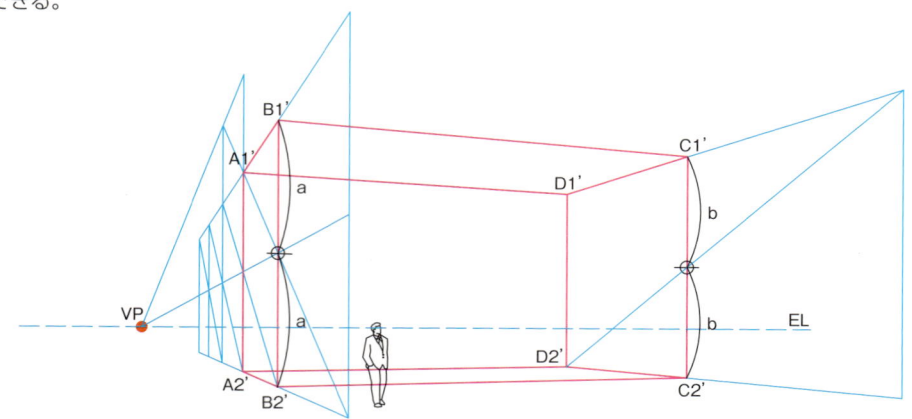

03 実践パース・点取りの方法

エクササイズ／パースを作図してみよう

●―理解力をつけるための練習

ここでは3章の内容が理解できているかを確認するための例題を掲げる。実際に自分の手で描いてこそ身につくのは、パースの点取りも同様である。ここに用意した例題の場合、EL（目の高さ）を通常の視点より高く取っているので空から見た図になる（鳥瞰図または俯瞰図という）。視点の高さ、画面の位置、建物の角度などがどう変化しようと、どんなに建物が複雑になろうと点取りの手順は変わらず、同じことの繰り返しであることを理解してほしい。この例題の場合、左にVP（消点）があるから、あくまで左側のVPのみを使い、常に左へML（測線）をもっていくこと。そして、それぞれのML上に実長（実際の高さ）を取って、VPからパースラインを引くことがポイントである。この図のままでは小さいので拡大コピーして挑戦していただきたい。なお、前方の画面（PP2）を使って作図しても映像は小さくなるだけで、相似形の像が得られる。

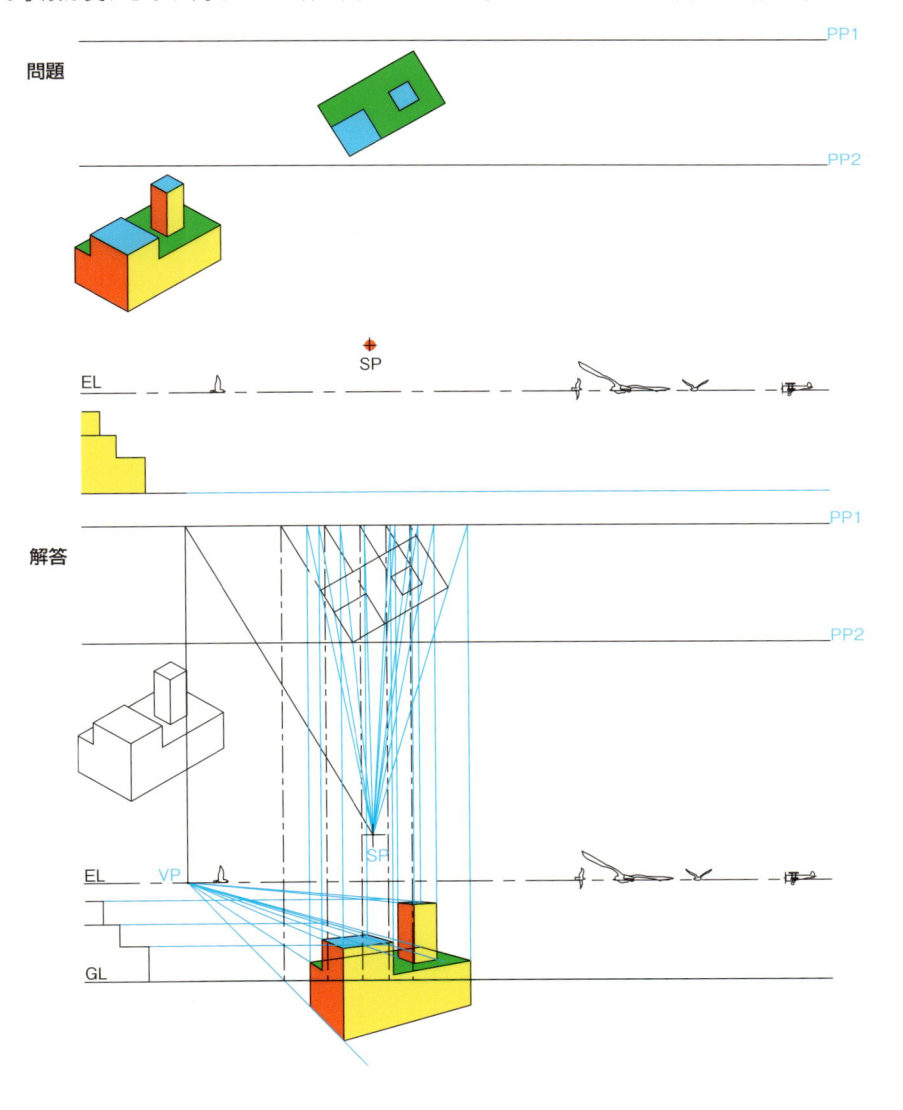

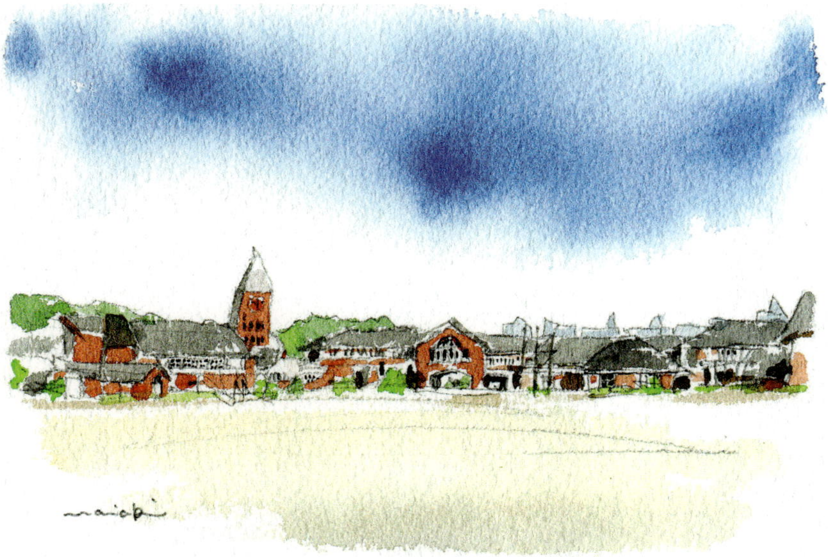

04 ドローイング集

パースの表現は、計画の初期段階でのラフなものから、完成予想のための密度の高いものまで、その目的に応じて多種多様である。ここでは、建築パースの素描と着彩の例を筆者が過去に描いたものをドローイング集としてまとめた。完成パースになると建物本体はいうまでもなく、その環境を示す添景がきわめて重要である。人や車や樹木なども中心の建築と同等の価値がある。その添景を部分的に拡大して載せているので、参考にしてほしい。

実際にパースを描いてみると、図面を眺めているだけでは見えないことが見えてくる。

素描編

●──素描はパースの基本
モノトーンの表現は絵画の基本であり、素描のもつ魅力は、単色だからこそ、いろいろなイメージへと発展する。その表現の多様性は計りしれないものがある。直接、色に惑わされることがないため、純粋に「かたち」や「ひかり」「テクスチャー」「プロポーション」など、ストレートにものとの対話が可能になる。素描のはじまりは鉛筆1本から。いたってシンプルである。

●──淡色でアクセントをつける
アングルや点取りがうまくいっても、着彩ですべてを台無しにしてしまうことがある。
安全策として、モノトーンを基調に一部淡彩でアクセントに着色するのがよい。素描に近いパースの場合、色は少なめに抑えて、すべてに着色をしないことである。

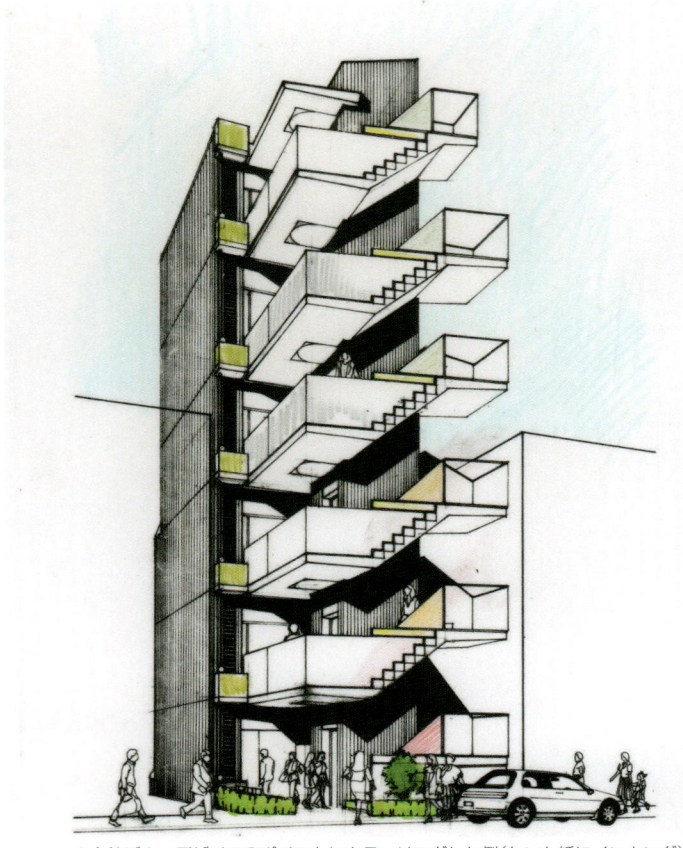

A会館ビル。デザインのポイントにカラーリングした例(ケント紙にインキング)

陰影でメリハリをつける

玄関付近に人物を配置して活気を出す

K集合住宅（水彩紙に鉛筆＋色鉛筆）

●─コンクリート打放しを鉛筆で表現する

真正面から平行透視図法で描いた集合住宅の外観パース。外壁に、コンクリート打放しのパネル割り、Pコンの割付け、コンクリート打継ぎジョイント、化粧目地が描き込んである。
したがってこのパースから、階高寸法の根拠やコンクリート打設における2階とパラペットの同時打ちなどの工法の情報まで読み取ることができる。

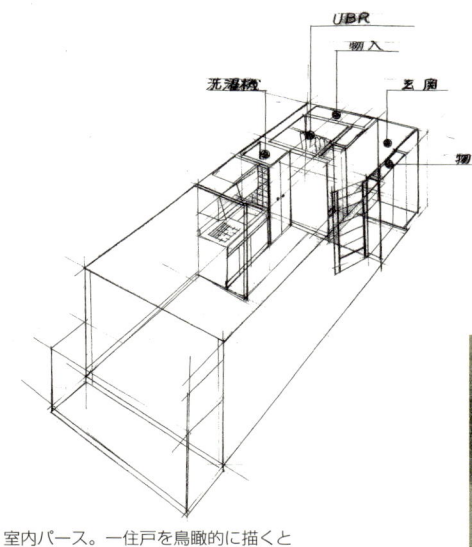

室内パース。一住戸を鳥瞰的に描くと部屋全体の構成が理解できる

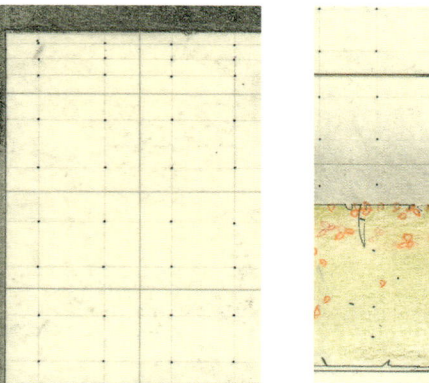

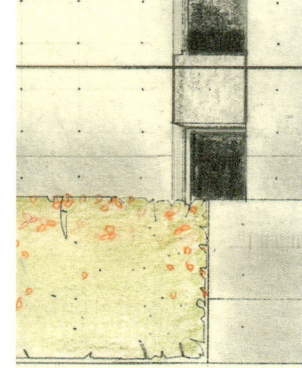

コンクリート打放しの表現。型枠パネル、Pコンの割付けを描く

S住宅和室(トレーシングペーパーにインキング)。トレペの裏に鉛筆の粉をこすり付けて、鏡を表現する

●——座った視点で描く

インテリアパースは視点の高さを、その部屋に応じて選択する必要がある。立った視点(H=1,500mm)、椅子に座った視点(H=1,200mm)、正座の視点(H=900mm)などがあるが、視点の高さで空間の見え方が著しく変化する。このパースの場合、アイレベルを座の視点に設定しているため、床面より天井面のほうが多く視野に入る。パースにしたことで、庭とのつながりはよいが、右側の腰壁の高さに問題があることに気づく。

Y独身寮（トレーシングペーパーにインキング＋色鉛筆＋スクリーントーン）

● ─ 立った視点から描く

人物を描き入れると、空間の大きさがわかる。このインテリアパースの場合は、立った視点（H＝1,500mm）から描く。消点をもつパースにおいて、目の高さは視点と同様に大切な要件である。

素描編

Nアトリウム（トレーシングペーパーに鉛筆）

●──ハーフトーンはトレペの裏を使う

素描によるパースは、ハーフトーンの描き分けに留意したい。トレーシングペーパーの透明性を生かし、ハーフトーン部分は、裏から描く。その際、鉛筆の粉をティッシュでこすり付けるとよい。トレペの表と裏を使い分けることで微妙なトーンが生まれる。

樹木の表現。濃く描いて画面を引きしめる

近景に人物と樹木を入れることで遠近感を出す

一消点パースで軸線を強調し、視線の先のシンボルタワーを暗示する

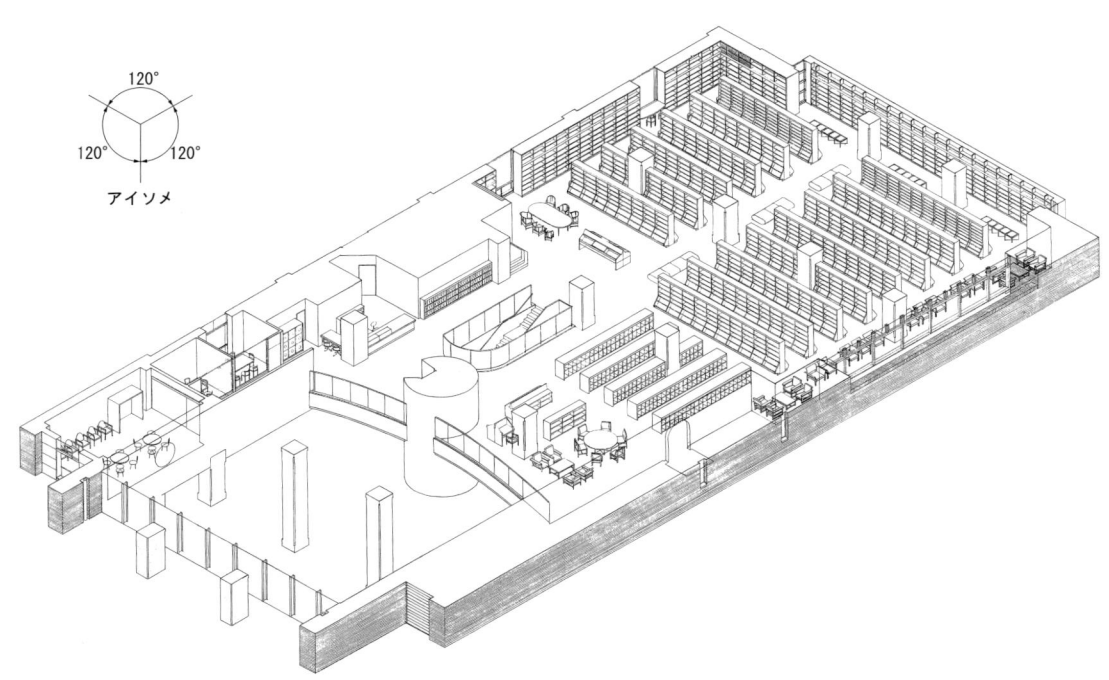

04 ドローイング集

M図書館（トレーシングペーパーに鉛筆）

● ── アイソメで空間全体像を把握する

アイソメは消点のない3次元を表す立体図法の一つで、アイソメトリック（等角投影法：XYZ軸どうしの関係が等角）の略称である。アイソメによる表現は、俯瞰した平行透視図法のため全体像がつかみやすく、それぞれのスペースがすべて平等に扱われるのが特徴だ。透視図法のように、定まった視点から見るのではなく、視点が移動する多視点図法とも言える。

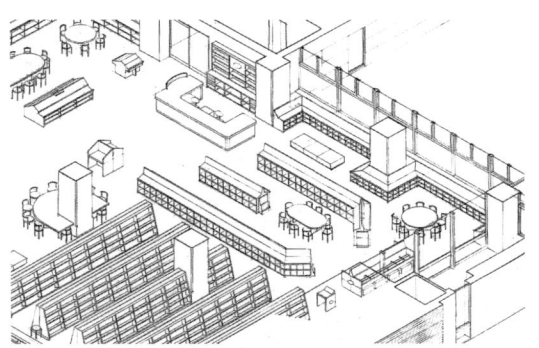

すべての線が120°のグリッド上にのる

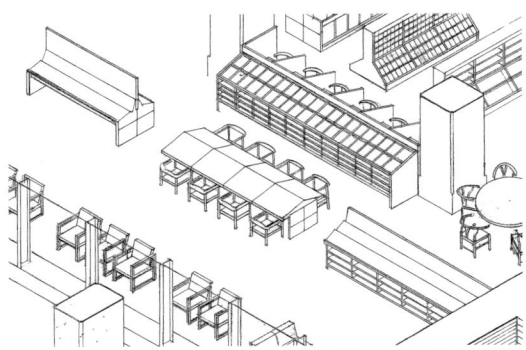

視点が移動するので、どこを描いても同じ描法で同じ見え方になる

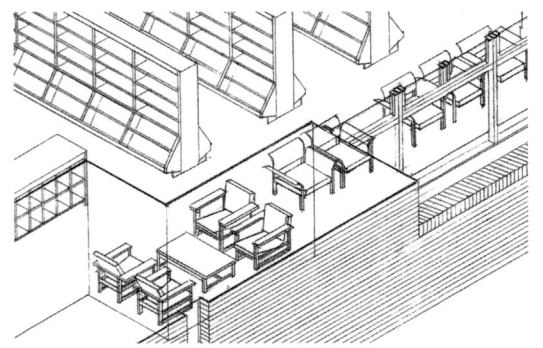

手前にある外壁は、室内の家具が見えるように透明に描く

素描編

● ── パースを完成させる添景

パースは主役である建物だけでは成立しない。1枚のパースが完成品としてより成熟するには、脇役（添景）が重要である。添景の善し悪しが作品に大きく影響するため、建物より多くの手間をかけることさえある。単なる添え物ではない、大切な引立て役といえる。

添景を描くことで、建物の大きさや用途、そのときの状況、周囲の環境などがわかる。コンセプトに相応しい添景が描けるように、普段から、雑誌や新聞などの切り抜きを保存しておくとよい。とくに、人物のコスチュームや車の型式は趣味性、時代性を反映するので、常に新しいものを用意しておきたい。常日頃からのスケッチが、この添景を描く際に役に立つ。

歩く人物のさまざまな表情

その場に相応しい人物を配する

T大学プロジェクト。添景が建物を引立て、遠近感をつくり出している（トレーシングペーパーにインキング＋スクリーントーン）

04 ドローイング集

T大学プロジェクト。添景が環境を表し、遠近感を演出する（トレーシングペーパーにインキング＋スクリーントーン）

樹の表現。葉を1枚1枚丹念に描く

すべてを描かないで余白を残した近景

●――添景に「遠景・中景・近景」あり

パースの生命線となる添景で「遠景・中景・近景」をつくる。とくに遠景と近景が重要で、これらがさらに立体感を強調する。添景を適材適所に配置することで、パースに深みが増す。

上の二消点パースは、左ページの一消点パースと対をなすもので、同じ建物をアングルを変えて描いている。ここでの添景は、緑の多いキャンパスを反映して樹木で画面を構成している。

●――添景の役割

1＿遠近感を出す
2＿建物を引き立てる
3＿建物にスケールを与える
4＿周囲の環境を表す
5＿パースの雰囲気をつくる
6＿画面をまとめる

着彩編

●—カラーリングの基本

カラーリングの基本は、面積の大きいところから彩色すること。淡色（または単色）からはじめて、調子を見ながらだんだん濃く（または色数を増加）していくようにする。隣り合う大きい面積どうしの配色はとくに注意を要する。色そのものに善し悪しはない。あるのは相性とバランスだ。視覚情報の多くは色情報で、人間はかたちやテクスチャーより、まず色彩に大きく影響を受ける。色彩については、色相・明度・彩度、同系・対比などの理論がある。それに加えて、すべての色はアンダートーンに青みと黄みをもつグループに分けられ、それぞれのグループ内の色どうしは必ず調和するというカラーキープログラム理論も有効である。

●—着彩の手順

1＿面積の大きい部分（この場合、空）から着色していく。次に、ほかに影響されず単独で決定できる樹木に色を入れ調子を見る。そして、外壁より先にガラス部分を着色し、サッシュを白で入れる。

2＿さらに添景を着色する。建物に近い街路樹は、煉瓦の外壁に映えるよう補色である緑色を使う。一方、近景の樹木には額縁としての役割を担わせシルエットとして扱う。このパースの場合、水彩で油絵調のマチエール（画肌）を出したいため、イラストボードにジェッソで下地をつくっている。

3＿近景の人物や車は建物が映えるよう、線でかたちを表し、近景をつくる。この段階では、外壁以外はほぼ完成形に近く、ここまで描き込んでおくと、外壁の色を探しやすい。

4＿いよいよ建物本体の着彩に入る。あとで煉瓦目地が入ることと光の方向を意識しながら色を置いていく。サッシュの方立や無目をポスターカラーの白で描き入れる。ポイントとなる塔や十字架なども描き込んでいく。そして再び外壁の煉瓦も含めて、全体の色の調子を整える。

04 ドローイング集

鎌倉のレストラン（水彩紙に鉛筆＋ピンペン＋透明水彩）

葉を1枚1枚描いているところと、簡略化したところとを描き分けることで、光と影の明暗を表現する

手前の樹木を濃色で、シルエット的に扱い、テントの明るさと対比させている

白い部分（たとえば窓枠など）は紙のままの生地を生かす

●―着彩がパースの印象を決める

見たいところに消点を置く。ここでは、路地の奥に静かに佇むカフェの窓に消点を取っている（一消点パース）。
また、あえて手前の樹木を濃色にすることで、黄色いテントの明るさとの対比をねらう。フリーハンドで全体をラフなタッチに仕上げている。

着彩編

I図書館（水彩紙に鉛筆＋ピンペン＋透明水彩）

● ——インパクトを与える着彩

着彩の手順は、まず面積の大きい空から、あるいは同じ面積なら色の薄い部分から着色するのが基本。青空は手前が濃く、遠くなるに従って薄く描くのが自然。左手前の人物や駐車場から出てくる車、あるいは右端の遠景の車は目立たないように、あえて着彩はしない。

自然と玄関に目がいくように人物を配置し、着彩する

各部分の詳細。相応しい場所に相応しい添景を配置して建物を引き立てる

I図書館（水彩紙に鉛筆＋ピンペン＋透明水彩）

● ─ 手前を透かして描く

隠れて見えないはずの部分を見せるために、手前の書架を線だけで描いたり、透かして描いたりしている。パースならではの技法。右の消点を書架通路に取っているので、一点透視的効果が得られている。

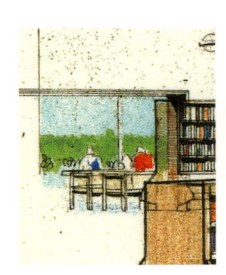

遠景があると奥行きが出る

書架で隠れて見えない部分は透かして描く

書架間の通路に消点を取る

透かして描いた書架

K医科大学図書館
（水彩紙にインキング＋透明水彩）

●―エアブラシで仕上げる

正面に主たる消点を取っている、一消点パースに近い二消点パースである。正面から背面のガラスに向かって抜けるこの構図が、この建物を端的に表現するベストアングルである。一点透視で描くと、正面四隅に歪みが出やすくなる。手前の大木とその木陰が近景をつくり、空間に奥行きを与えている。

面積の大きい空や芝生から着彩するにあたって、このパースの場合、マスキングしてからエアブラシで仕上げている。

コンクリート打放しと照明

建物の用途を添景で表現。木陰で読書する学生の姿

消点は視線が抜けるところに置く

04 ドローイング集

Y図書館（水彩紙に鉛筆＋透明水彩）

● ─視点を遠くに置いて描く

建築だけでなく、その周囲の環境も伝えたい。景色のなかに違和感なくフィットするよう、あえて視点を遠くに置く。近い視点はパースが利いてドラマチックになるが、遠い視点には冷静さや客観性がある。ここでのポイントは、広い空とゆったりとした水の流れのカラーリングにある。エアブラシを使って数色のブルーを紙の上で混色して描く。

舟と水面の反射

曲面壁の光の反射

樹木と人物と建物で奥行きを出す

着彩編

某博覧会の仮設屋台（水彩紙にピンペン＋透明水彩＋水彩色鉛筆）

●──添景でにぎわいをつくる

場の雰囲気を醸し出すためには、添景の内容、たとえば人物の配置や動きは大切な要素である。ピンペンに透明水彩、空はエアブラシを使用、一部アクセントとして、水彩色鉛筆を使用している。添景の比重が高いこの種のパース作成のために、日頃から添景に使えそうな人物、車などを雑誌や新聞などからスクラップしておくと役に立つ。

添景のハトで「ハレ」の空間をつくる

動きのある人物の表現

風船でにぎやかさを演出

04 ドローイング集

Yビレッジ宿泊棟（水彩紙に鉛筆＋透明水彩＋水彩色鉛筆）

● ― 鳥瞰パースは屋根が大切

三消点パースで下方が少し絞られている。あまり極端に絞ると不自然になる。上空から見ることになるので、屋根面や周囲の環境（ここでは樹木）の表現がポイントになる。

建物周辺の樹木をあえてラフに描くことで、建物を際立たせている。鳥瞰図は屋根面から着色する。

屋根の表現として、必ずしもハッチングをすべて描く必要はなく、一部を省略している

ラフな筆使いで樹木を表現。ところどころにアクセントになる樹木を置く

着彩編

●――ペイントソフトを使って着色する

鉛筆やペンで描いた線描きの下絵をスキャニングし、ペイントソフトで着色する。メリットは、一瞬にして色が施され、即座に変更ができること。同じ線でもインキングの線と鉛筆の線とでは、風合いが異なる。下絵の違いが、絵全体の雰囲気を変えるので、道具をいろいろ試してみると面白い。

あえて非現実的な色をバックの基調色にすることで、見慣れた街並みに新鮮さを与える（鉛筆で下絵をつくり、ペイントソフトで着色）

単色だけで空間をつくる（水性ペンで下絵をつくり、ペイントソフトで着色）

強調したい部分だけ着色する。すべてを塗りつぶさないで余白を残す（鉛筆で下絵をつくり、ペイントソフトで着色）

カラフルに色を置く。人物の衣服の多様性とにぎわいを色で表す（水性ペンで下絵をつくり、ペイントソフトで着色）

あとがき
Nさんに捧ぐ

思い出しただけで恥ずかしくて、赤面してしまう苦い思い出がある。
もう四半世紀以上前の話になるが、当時、建築設計事務所に就職したての私は、Nさんからはじめてパースの仕事をいただいた。
美術大学の建築学科出身ということで、絵が描けると判断されたのだと思う。
急ぎの仕事だったが、絵を描くことはもともと好きだったので、簡単にできるとタカをくくって引き受けた。この慢心が戒められるのに時間はかからなかった。アングルを決め、点取りが終わり、意気揚々と着彩に取りかかったのだが、色を塗り重ねるたびに汚くなっていく泥沼状態に陥った。一夜明け、自然光のもとで改めて見ると、とても人様にお見せできるような代物ではなかった。照明下で着彩することの危険性についても無知だった。ハンマーで頭を殴られたような茫然自失の思いと恥ずかしさで一杯になった。そんなパースをNさんは何も言わず黙って受け取ってくださった。
私の建築パースに対する原点はここにある。
もしこの失敗がなかったら、おそらくここまで真剣に学ぼうとは思わなかったに違いない。
残念なことに、その数年後Nさんは帰らぬ人となってしまった。今は亡きNさんに感謝を込めて拙著を捧げたい。
また、本書の出版にあたり、大変お世話になった彰国社の矢野優美子氏に感謝申し上げるとともに、読んでくださった皆様、どうもありがとうございます。

2006年9月
藤原成曉

【資料提供】
鬼頭梓建築設計事務所、藤原建築アトリエ、リノベイトW、藤原成曉設計室

【写真】
(株)SS東京／末廣久詔：P34・P38・P39左、内山雅人：P40・41
特記なきは藤原成曉設計室／藤原成曉
パース、イラスト：藤原成曉

著者略歴
藤原成曉（ふじわら なりあき）

1953年東京都生まれ。武蔵野美術大学造形学部建築学科卒業。鬼頭梓建築設計事務所などを経て1990年藤原成曉設計室設立。ものつくり大学教授、日本工学院専門学校非常勤講師。一級建築士、一級建築施工管理技師、インテリアプランナー、日本建築家協会建築家認定評議会認定 登録建築家、日本建築士会連合会認定 専攻建築士(設計)、日本建築家協会正会員、日本建築学会正会員、東京建築士会正会員、日本インテリア学会正会員。

歩く・見る・描く・デザインする
スケッチで脳を触発しよう
2006年10月20日　第1版　発　行
2017年12月10日　第1版　第3刷

著者	藤原　成曉	
発行者	下出　雅徳	
発行所	株式会社　彰国社	

著作権者との協定により検印省略

162-0067 東京都新宿区富久町8-21
電話　03-3359-3231（大代表）
振替口座　00160-2-173401

自然科学書協会会員
工学書協会会員

Printed in Japan

© 藤原成曉　2006年

ISBN 4-395-00732-5 C3052

製版・印刷：三美印刷　製本：ブロケード

http://www.shokokusha.co.jp

本書の内容の一部あるいは全部を、無断で複写（コピー）、複製、および磁気または光記録媒体等への入力を禁止します。許諾については小社あてご照会ください。